职业教育电子商务专业课程改革新教材

电子商务物流实务

(项目式教材)

第 2 版

张涵悦

主　编　商　磊

副主编　吕　芸　罗　俭

参　编　应宇飞　姚姣姣　孙　妍

　　　　申屠媛　朱小宇

机械工业出版社

本书根据职业院校学生的特点和培养目标进行编写，介绍了电子商务物流的基础知识、各种不同的物流服务、物流作业、新型的电子商务物流形式以及相关的职业素养和能力，主要内容包括走进电子商务物流、走进电子商务物流服务、体验电子商务配送中心作业、体验电子商务储运与客服、走进电子商务物流信息、认识电子商务下的新型物流。

本书从学生的实际特点出发，图、表、文并茂，工学结合、理实一体。在内容的选择上，力求精实，将认知与体验相结合，着重讲怎么做、做成什么样；在结构、形式上力求新颖，贯彻工作过程系统化的教学思想，以项目、任务组织教学单元，并采用多元化的手段进行及时评价。

本书可作为职业教育电子商务、物流及相关专业的教材，也可作为电子商务、物流企业从业人员的学习、培训用书。

图书在版编目（CIP）数据

电子商务物流实务/商磊主编．—2版．—北京：机械工业出版社，2022.5（2025.5重印）
职业教育电子商务专业课程改革新教材　项目式教材
ISBN 978-7-111-70814-8

Ⅰ．①电… Ⅱ．①商… Ⅲ．①电子商务—物流管理—职业教育—教材 Ⅳ．①F713.365.1

中国版本图书馆CIP数据核字（2022）第084190号

机械工业出版社（北京市百万庄大街22号　邮政编码100037）
策划编辑：宋　华　　　　责任编辑：宋　华　邢小兵
责任校对：王　欣　王　延　　封面设计：马精明
责任印制：常天培
河北鑫兆源印刷有限公司印刷
2025年5月第2版第6次印刷
184mm×260mm・12.25印张・284千字
标准书号：ISBN 978-7-111-70814-8
定价：39.80元

电话服务　　　　　　　　网络服务
客服电话：010-88361066　机 工 官 网：www.cmpbook.com
　　　　　010-88379833　机 工 官 博：weibo.com/cmp1952
　　　　　010-68326294　金 书 网：www.golden-book.com
封底无防伪标均为盗版　　机工教育服务网：www.cmpedu.com

前　言

电子商务是互联网时代的产物，随着互联网的高速发展，电子商务已经不是一个单纯的商业概念，而是一个以互联网支撑的集信息流、商流、资金流、物流为一体的完整的贸易过程。它不仅会改变企业本身的生产、经营、管理活动，而且会对社会经济及人们的生活产生影响。

物流作为商务过程中的重要环节，负责原材料供应商与产品生产商之间，以及商家与顾客之间的实物配送服务，因此高效的物流体系是使电子商务优势得以充分发挥的保证。从企业的角度来看，高效的物流体系能带来更少的物流成本和更高的服务水平；从客户的角度来看，大多数产品实体的最终交付都要通过物流系统来完成。没有物流的支持，电子商务就只能成为空中楼阁，无法发挥作用。同时，物流可提高客户满意度及忠诚度，并能够拓展企业的商务范围，带来新的市场机会，从而实现双赢。

本书根据职业院校学生的特点和培养目标进行编写，介绍了电子商务物流的基础知识、各种不同的物流服务、物流作业、新型的电子商务物流形式以及相关的职业素养和能力。本书紧密对接电子商务、物流行业最新业态变化的要求，让电子商务专业的学生了解和体验线下货物运作流转过程，认识和掌握电子商务环境下物流的特点，从而更好地服务于职业院校电子商务、物流等专业的教学。

本书由三个部分组成：主教材、习题册、教学资源包（部分视频动画以二维码形式附于书中）。

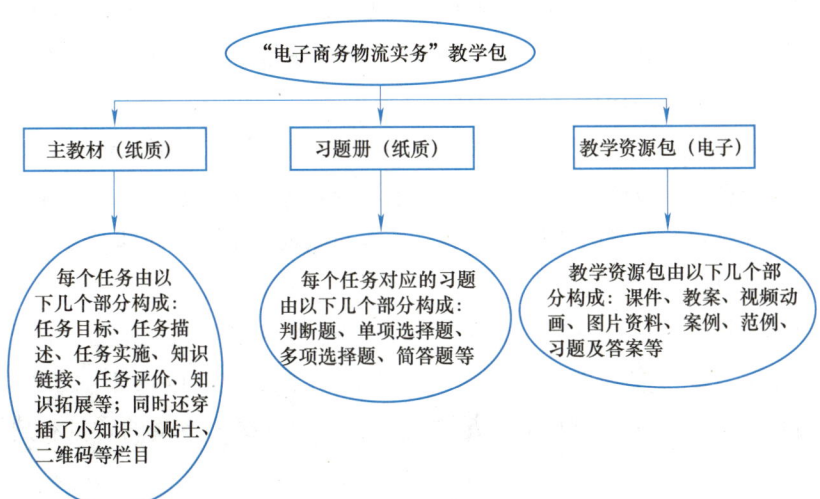

本书教学内容建议采用 72 学时。通过任务学习，学生能够实现对整个电子商务物流的全面认识。

项目名称	任务名称		建议学时
项目一　走进电子商务物流	任务一	认识电子商务与物流的关系	4
	任务二	认识电子商务物流的昨天、今天和明天	2
	任务三	认识电子商务物流模式	4
项目二　走进电子商务物流服务	任务一	认识电子商务物流服务	2
	任务二	选择合适的快递服务	4
	任务三	选择合适的物流服务	4
项目三　体验电子商务配送中心作业	任务一	走进电子商务配送中心	2
	任务二	体验货物包装	4
	任务三	体验装卸搬运	4
	任务四	体验流通加工	4
	任务五	体验货物分拣	4
项目四　体验电子商务储运与客服	任务一	体验货物储存	4
	任务二	体验货物运配	4
	任务三	体验电子商务快递	4
	任务四	提高客户满意度	4
项目五　走进电子商务物流信息	任务一	认识电子商务物流信息技术	2
	任务二	体验电子商务物流信息系统	4
项目六　认识电子商务下的新型物流	任务一	认识电子商务下的第四方物流	4
	任务二	认识电子商务下的农产品物流	4
	任务三	认识"海淘"物流	4

在课程教学方法上，建议以工作过程为导向，开展任务驱动型教学。在教学实施时，按照"资讯、计划、决策、实施、检查、评估"六步进行。其中，"资讯、计划、实施、检查"阶段以学生为主，教师作为主导者，只有在学生遇到问题时才给予及时的指导。在"决策和评估"阶段中，教师必须参与到每一个组中，及时提出合理建议并做出公正的评价。具体到教学手段上，建议采用案例实训模式、角色实训模式和项目实训模式来组织教学。

本书由商磊任主编，吕芸、罗俭任副主编。具体编写分工：孙妍编写了项目一，应宇飞、申屠媛编写了项目二，商磊、吕芸编写了项目三，罗俭编写了项目四，朱小宇编写了项目五，姚姣姣编写了项目六，最后由商磊负责统稿。

在本书的编写过程中得到了浙江省湖州交通学校、杭州市良渚职业高级中学、广西华侨学校、广西水产畜牧学校的无私帮助，得到了学校领导的大力支持，同时感谢武汉财政学校郑彬老师，浙江公路技师学院王妙娟老师、毛宁莉老师，中国邮政速递湖州分公司杨丽主任等专家给予的指导与建议。

对于选用本书作为教材的职业学校教师，教学资源包可通过机械工业出版社教育服务网（http://www.cmpedu.com）注册并下载或加入电子商务专业交流群（QQ群：832803236）获取。

由于编者水平有限，书中难免有不足之处，恳请读者提出宝贵的意见和建议，以求不断改进和完善。

编　者

二维码索引

序 号	名 称	图 形	页 码	序 号	名 称	图 形	页 码
微课01	认识电子商务物流模式		18	微课07	体验电子商务快递		99
微课02	选择合适的物流服务		36	微课08	提高客户满意度		106
微课03	包装玻璃杯操作演示		50	微课09	入库作业订单处理		119
微课04	叉车工字型操作演示		61	微课10	出库作业订单处理		124
微课05	体验货物储存		86	微课11	认识电子商务下的农产品物流		145
微课06	体验货物运配		96				

目　　录

前言

二维码索引

项目一　走进电子商务物流 ... 1
　　任务一　认识电子商务与物流的关系 ... 1
　　任务二　认识电子商务物流的昨天、今天和明天 ... 8
　　任务三　认识电子商务物流模式 ... 14

项目二　走进电子商务物流服务 ... 21
　　任务一　认识电子商务物流服务 ... 21
　　任务二　选择合适的快递服务 ... 27
　　任务三　选择合适的物流服务 ... 33

项目三　体验电子商务配送中心作业 ... 41
　　任务一　走进电子商务配送中心 ... 41
　　任务二　体验货物包装 ... 47
　　任务三　体验装卸搬运 ... 55
　　任务四　体验流通加工 ... 65
　　任务五　体验货物分拣 ... 72

项目四　体验电子商务储运与客服 ... 81
　　任务一　体验货物储存 ... 81
　　任务二　体验货物运配 ... 94
　　任务三　体验电子商务快递 ... 99
　　任务四　提高客户满意度 ... 104

项目五　走进电子商务物流信息 ... 111
　　任务一　认识电子商务物流信息技术 ... 111
　　任务二　体验电子商务物流信息系统 ... 118

项目六　认识电子商务下的新型物流 ... 137
　　任务一　认识电子商务下的第四方物流 ... 137
　　任务二　认识电子商务下的农产品物流 ... 142
　　任务三　认识"海淘"物流 ... 147

参考文献 ... 155

附　习题册

项目一

走进电子商务物流

> 国家标准物流术语》对物流的定义是：
> 物品从供应地向接收地的实体流动过程，
> 根据实际需要将运输、储存、装卸、搬运、包装、
> 流通加工、配送、信息处理等基本功能实施有机结合。

任务一　认识电子商务与物流的关系

📘 任务目标

1. 体验电子商务网上购物；
2. 理解电子商务物流的内涵；
3. 掌握电子商务与物流的关系。

任务描述

五一劳动节学校要举行文艺汇演，但演出服装还未就位。请以小组为单位，分工合作，至京东商城进行商品选购，全程跟踪物流信息。学生通过网上购物体验，熟悉该电子商务平台的网购流程，初步知晓京东商城的物流配送服务，并结合相关知识分析电子商务与物流的关系。任课教师指导学生，完成最终的购物体验报告。

 小知识

京东商城——专业的综合网上购物商城，销售超过数万品牌、4 020万种商品，囊括家电、手机、计算机、母婴、服装等13大品类，是目前我国最大的自营式电子商务企业，年活跃购买用户数近5亿，在整个电子商务市场占有率排名第二。

2014年5月，京东集团在美国纳斯达克证券交易所正式挂牌上市，是中国第一个成功赴美上市的综合型电子商务平台。2020年6月，京东集团又于香港联交所二次上市，总市值为7 386亿港元。

任务实施

步骤一： 以小组为单位体验电子商务网上购物，补充完整流程图。

以小组为单位，至指定的电子商务平台京东商城，以用户身份体验从注册到购物的整个电子商务流程，各小组根据本次体验，对图1-1在京东商城网购演出服装流程进行归纳总结，在方框内予以填写。教师也可根据实际情况，安排学生至其他感兴趣的电子商务平台进行购物体验。

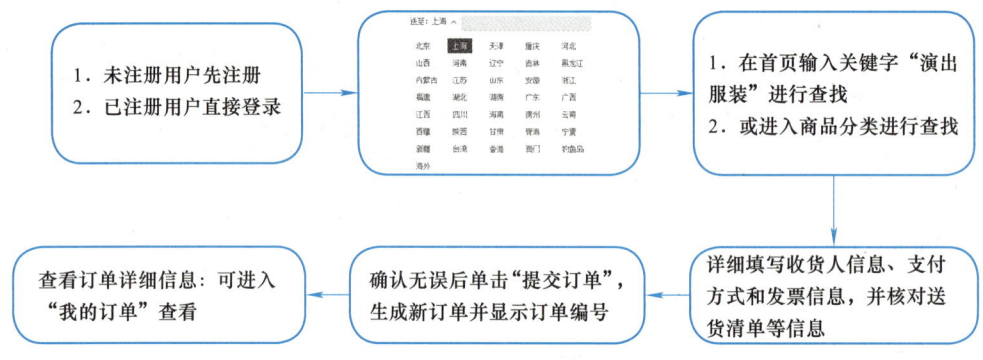

图1-1　京东商城网购演出服装流程

步骤二： 以小组为单位完成京东商城购物体验报告。

要求各小组重点了解订单提交后的生成、发货和物流状态跟踪等环节。根据本组任务实际实施情况，整理成最终的体验报告，见表1-1。

表1-1　京东商城购物体验报告

网站界面体验	页面打开速度	
	网站导航设计	
	页面整体布局与色彩	
	网站内容	
网站交互体验	用户注册	
	站内搜索	
	购物体验	
	在线服务	
线下用户体验	商品配送体验 ☆	
	售后服务	
信任体验		
遇到的问题		
建议解决方法		
购物体验评分	1~10，1最低，10最高，请打分	

注：标"☆"的项目请重点展开。

项目一　走进电子商务物流

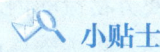

京东的供应链是怎样的？

京东日百/3C类（日用百货类/计算机、通信、消费电子）产品的供应链，如图1-2所示。

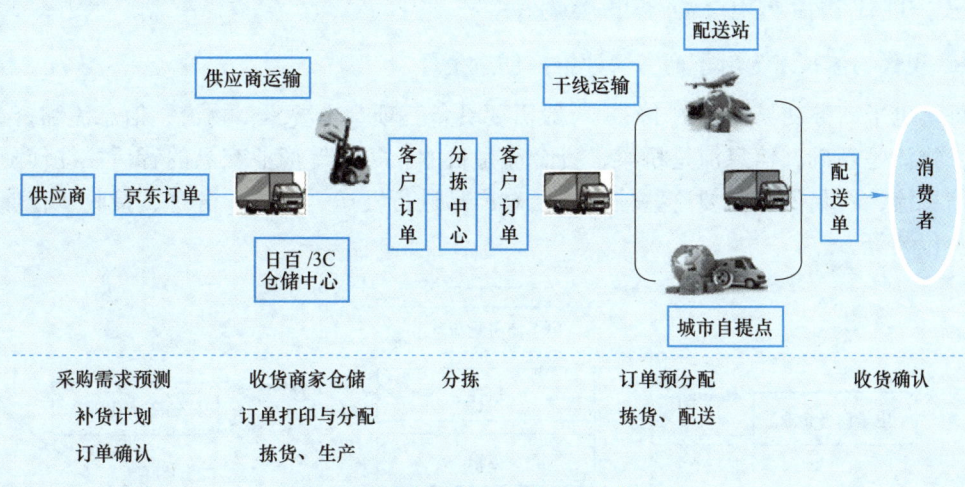

图1-2　京东日百/3C类产品的供应链

京东有哪些特色配送服务？

京东的特色配送服务包括211限时达、大家电211限时达、次日达、夜间配、大家电夜间配、定时达、极速达和隔日达等。

那么什么是211限时达？京东的211限时达是指用户在当日上午11:00前提交的现货订单（部分城市为上午10:00前），当日送达；当日23:00前提交的现货订单，次日15:00前送达。

步骤三：各组派一名代表上台分享体验报告。

每组各派一名代表上台展示，并分享本组任务实施的过程、经验以及遇到的问题和相应的解决方法，教师予以点评。

知识链接

一、电子商务物流的内涵

电子商务是指人们利用电子手段进行以商品交换为中心的各种商务活动，作为一种新的数字化商务方式，代表未来的贸易、消费和服务方式。物流是供应链活动的一部分，是为了满足客户需要而对商品、服务以及相关信息从产地到消费地的高效、低成本流动和储存进行的规划、实施与控制的过程。电子商务物流伴随着电子商务技术和社会需求的发展而出现，是物流业在电子商务新时期演变成长的全新物流业态，是实现电子商务真正的经济价值不可或缺的重要组成部分。

电子商务物流是基于传统物流概念的基础上，结合电子商务中商流、信息流、资金流的特点而提出的，主要服务于电子商务的各类物流活动的总和。因此，电子商务物流的内涵可以表述为"指基于商流、信息流、资金流、网络化的物资或服务的配送活动，包括软体商品（或服务）的网络传送和实体商品（或服务）的物理传送"。

二、现代物流对电子商务的影响

1. 现代物流技术为电子商务快速推广创造条件

每笔电子商务交易（见图1-3）一般需要具备三项基本要素：物流、信息流和资金流。其中，物流是基础，信息流是桥梁，资金流是目的。每一笔商业交易的背后往往伴随着物流和信息流，贸易伙伴需要这些信息以便对产品进行发送、跟踪、分拣、接收、存储、提货以及包装等。

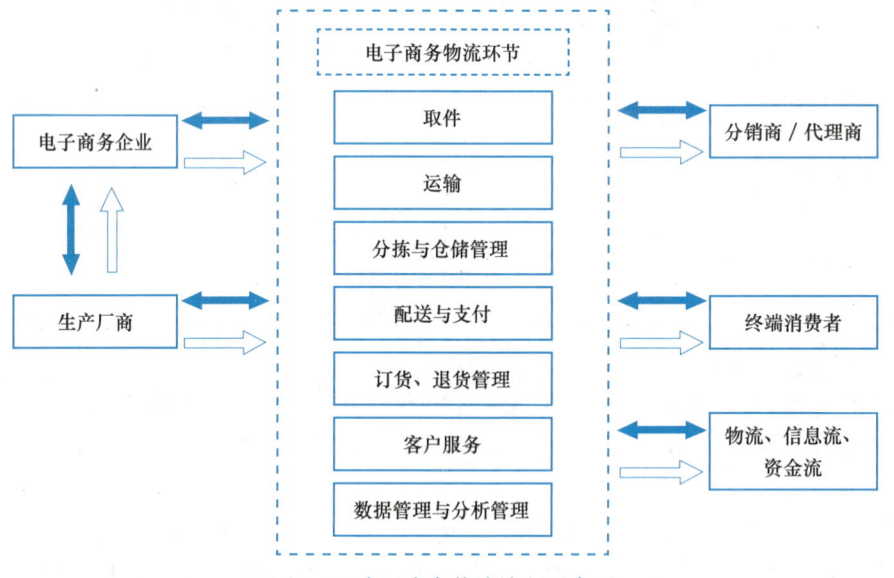

图1-3　电子商务物流流程示意图

在信息化的电子商务时代，物流与信息流的配合也变得更为重要，必须借助现代物流技术。随着计算机网络技术的应用普及，物流技术中综合了许多现代信息技术，如GIS（地理信息系统）、GPS（全球卫星定位）、EDI（电子数据交换）、BAR CODE（条码）技术等，为电子商务的推广铺平了道路。

2. 物流配送体系是电子商务的支持系统

现代物流配送可以为电子商务的客户提供服务，根据电子商务的特点，对整个物流配送体系实行统一的信息管理和调度，按照用户要求在物流基地完成理货，并将配好的货物送交收货人。这对物流企业提高服务质量、降低物流成本、提高企业经济效益及社会效益具有重要意义。

3. 物流配送系统提高了社会经济运行效率

物流配送企业采用网络化的计算机技术和现代化的硬件设备、软件系统及先进的管理手段，严格按用户的订货要求进行分类、编配、整理、分工、配货等一系列理货工作，定时、定点、定量地交给各类用户，满足其对商品的需求。物流配送以一种全新的面貌，成为流通领域革新的先锋，代表了现代市场营销的主方向。新型物流配送比传统物流方式更容易实现信息化、自动化、现代化、社会化、智能化、简单化，使货畅其流、物尽其用，既减少了生产企业库存，加速资金周转，提高物流效率，降低物流成本，又刺激了社会需求，促进经济的健康发展。

三、电子商务对现代物流活动的影响

（一）电子商务对物流业的影响

1. 物流业的地位大大提高

电子商务是一次高科技和信息化的革命，对社会、科技及运输行业都有着相当重要的影响。电子商务引发的产业大重组，最终会使物流企业越来越强化，在电子商务环境里承担更重要的任务：既要把虚拟商店的货物送到用户手中，而且还要从生产企业及时进货入库。物流公司既是生产企业的仓库，又是用户的实物供应者。物流企业成了代表所有生产企业及供应商对用户的唯一最集中、最广泛的实物供应者。物流业成为社会生产链条的领导者和协调者，为社会提供全方位的物流服务。由此可见，电子商务把物流业提升到了前所未有的高度，为其提供了空前的发展机遇。

2. 供应链管理的变化

在传统的供应链渠道中，产品从生产企业流到消费者手里要经过多层分销商，流程冗长，造成了很多问题。电子商务缩短了供应链上生产厂家与最终用户之间的距离，改变了传统市场的结构。企业可以通过自己的网站绕过传统的经销商与客户直接沟通，降低了流通成本，缩短了流通时间。

传统的供应链由于供销之间的脱节，存货的流动是"推动式"的。它有几个明显的缺点：缺乏灵活性、运转周期长等。在电子商务环境下，供应链实现了一体化，供应商与零售商、消费者通过 Internet 连接在了一起，通过 POS、EOS 等供应商可以及时且准确地掌握产品销售信息与顾客信息。此时存货管理采用反应方法，按所获信息组织产品生产和对零售商供货，存货的流动变成"拉动式"的，可以有效消除上述两个缺点，实现销售方面的"零库存"。

3. 第三方物流成为物流业的主要组织形式

电子商务的跨时域性与跨区域性，要求其物流活动也具有跨区域或国际化的特征。在 B2C 形式下，如 A 国的消费者在 B 国的网上商店购买了商品，若要将商品送到消费者手里，对于小件商品（如图书），可以通过邮购；对于大件商品，则是由快递公司完成交货。目前，这些流通费用一般由消费者承担，对于零散用户而言流通费用显然过高。如在各国成立境外分公司和配送中心，利用第三方物流由用户所在国配送中心将货物送到用户手里，可大大降低流通费用，提高流通速度。在 B2B 形式下，大宗物品的跨国运输是极为复杂的，如果有第三方物流公司能提供一票到底、门到门的服务，则可大大简化交易，减少货物周转环节，降低物流费用。电子商务时代，第三方物流势必将发展成为整个社会生产企业和消费者的"第三方"。

小贴士

2021年发布的国家标准《物流术语》（GB/T 18354—2021）中对第三方物流（Third Party Logistics，简称3PL）的定义是："由独立于物流服务供需双方之外且以物流服务为主营业务的组织提供物流服务的模式。"第三方就是货物的实际需求方（第一方）和货物的实际供给方（第二方）之间交易的部分或全部物流功能的外部服务提供者。

（二）电子商务对物流主要作业环节的影响

1. 采购

传统的采购极其复杂，采购员要完成寻找合适的供应商、检验产品、下订单、接取发货通知单和货物发票等一系列工作。而在电子商务环境下，企业的采购过程会变得简单、顺畅。近年来，国际上一些大型公司已在专用网络上使用EDI，以降低采购过程中的劳务、印刷和邮寄费用。通常，公司可因此节约5%～10%的采购成本。企业通过互联网采购，可以接触到更大范围内的供应厂商，一方面降低了采购成本，另一方面也带来了更为激烈的市场竞争。

2. 配送

电子商务时代，B2C的物流支持都要靠配送来提供，B2B的物流业务会逐渐外包给第三方物流，其供货方式也是配送制。没有配送，电子商务物流就无法实现，电子商务活动也就无法完成，电子商务的命运与配送业联系在了一起。同时，电子商务使制造业与零售业实现"零库存"，实际上是把库存转移给了配送中心，配送中心因而成为整个社会的仓库，是商流、信息流和物流的汇集中心。由此可见配送业的地位大大提高了。

（三）电子商务改变物流系统的组织和管理

1. 促进物流基础设施的改善

电子商务高效率和全球性的特点，要求物流也必须达到这一目标。而物流要达到这一目标，良好的交通运输网络、通信网络等基础设施则是最基本的保证。这里的基础设施既包括铁路、公路、机场、港口、码头、管道、货运场站、物流园区、中转分拨中心、快件处理中心、邮政网点等硬件，也包括信息系统、数据中心、互联网、物联网、平台等软件。因此，只有逐步改善物流基础设施，优化基础设施结构，建立科学合理的管理制度，形成功能强大、规模合理、布局科学、技术先进、高效运行、安全可靠的物流基础设施网络，才能确保物流的畅通运行，促进物流业的发展。

2. 促进物流技术的进步

现代物流技术，是指物流活动中所使用的各种工具、装备、设施和其他物质手段，以及由科学知识和劳动经验发展而形成的各种方法、技能和作业程序等。物流技术水平的高低是决定物流效率高低的一个重要因素。在电子商务环境下，企业的物流管理要立足于高科技、高起点，要建立一个适应电子商务运作的高效率的物流系统，提高电子商务物流的自动化和智能化水平（见图1-4）。

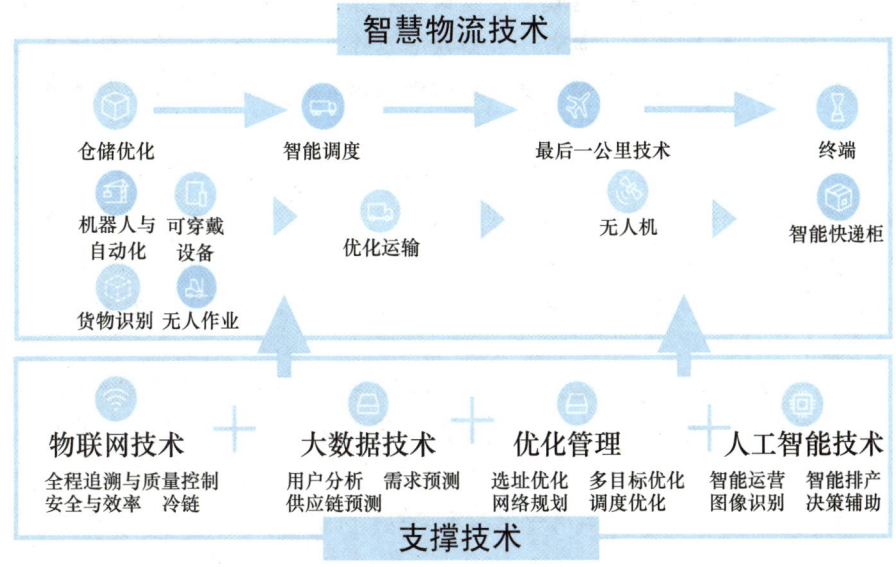

图1-4　智慧物流技术全景

3. 对物流人才提出更高的要求

高素质、高层次人才的推动是电子商务环境下提高物流水平的关键因素，可以极大地提高企业的管理效率和服务质量，促进企业的推陈出新，使企业能够在电子商务背景下不断向前发展。电子商务物流对人才的要求不仅需要较强的专业化知识，还需要人才能够全面发展，以适应多变的外部环境。这就需要加强对物流从业人员的教育和培训，通过开展职业教育、专业教育、岗位学习等多种途径，培养复合型人才。

任务评价

	考评项目	分值/分	组内评价	他组评价	教师评价	实际得分
考评标准	组员分工明确，团队合作	20				
	购物体验报告要素完整，内容合规、深刻	40				
	能在规定时间内独立、正确完成流程图填制	20				
	语言表达流畅，条理清晰	20				
	合计	100				

注：实际得分 = 组内评价 ×30%+ 他组评价 ×30%+ 教师评价 ×40%。

知识拓展

从"当日达"到"买全球"，电商物流改变生活

国庆长假，北京某大学在读研究生小吴和四个小伙伴一起前往印度尼西亚巴厘岛旅

游。沙滩、棕榈、海岛、乌布皇宫……异域风景让她们目不暇接。在当地乳胶店，小吴看中了一只乳胶枕，打算买下送给妈妈。这时她犯了难：这么大的枕头怎么拿回去呢？这时，会一口流利中文的当地店员帮小吴解决了这个难题。原来，这家乳胶店和中国物流公司有合作，只要填上收货地址，便可以快递到家。惊喜的小吴立即付了款，填上了家里的收货地址，畅想着妈妈收到枕头的情景……

这一幕，正是当下电商物流融入我们日常生活的缩影。如今，从雪域高原到南海之滨，从繁华都市到淳朴乡村，从"当日达"到"买全球"，无处不在的电商物流真正做到了普惠大众。在过去5年内，中国物流快递行业诞生了市值2 000亿元的顺丰，四大快递巨头"三通一达"也先后上市，民营快递企业取代外资公司，在中国这个全球最大快递市场占据绝对主导地位。

《全国电子商务物流发展专项规划（2016—2020年）》（商流通发〔2016〕85号）指出，随着国民经济全面转型升级和互联网、物联网发展，以及基础设施的进一步完善，电商物流需求将保持快速增长，服务质量和创新能力有望进一步提升，渠道下沉和"走出去"趋势凸显，将进入全面服务社会生产和人民生活的新阶段。

任务二　认识电子商务物流的昨天、今天和明天

  任务目标

1．了解电子商务物流的发展历程和现状；
2．理解电子商务物流的发展趋势；
3．学会间接网络调研方法。

  任务描述

以小组为单位，选择一个熟悉的线上线下共同经营的电子商务企业，比如国美、大润发等，以网络间接调研的方式对该企业的电子商务物流发展历程进行调研，参考苏宁云商的发展历程调研报告，根据各组实际调研收集的资料，结合相关知识，绘制发展历程图，并分析电子商务环境下该企业现代物流的发展趋势，最终将调研结果通过PPT呈现。

小知识

苏宁创办于1990年12月26日，是中国商业企业的领先者，经营商品涵盖传统家电、消费电子、百货、日用品、图书、虚拟产品等综合品类，线下实体门店2万多家，线上苏宁易购位居国内B2C行业前列，线上线下的融合发展引领了零售发展新趋势。

项目一　走进电子商务物流

 任务实施

步骤一：通过讨论选择要调研的电子商务企业（确认调研对象）。

以小组为单位，各小组讨论调研的电子商务企业类型，并做选取。任课教师给予适当指导，每组选择的调研企业应尽量不同，完成表1-2。

表1-2　调研电子商务企业的选取

序　号	调研企业名称	调研企业类型	选取背景
1	苏宁云商集团股份有限公司（苏宁）	B2C、线上线下融合发展的"云商"新模式	1. 目标：中国的"沃尔玛＋亚马逊" 2. 国内电子商务企业中第一家获得国际快递业务经营许可的企业
2	阿里巴巴		
……			

步骤二：学生分工合作，以网络间接调研的方式对该企业的电子商务物流发展历程进行调研（确认调研目标及调研方法）。

以小组为单位，组员分别就调研企业的"昨天、今天、明天"三个方面，结合该公司战略发展，分工合作，对所选企业进行网络间接调研，通过百度等搜索引擎、进入所选企业官网或进入各大数据库（如维普）等方法展开详细调研，完成表1-3。

表1-3　调研电子商务企业资料的来源

调研企业	调研目标	资料主要来源
苏宁	互联网化的发展历程	苏宁官方网站、MBA智库百科、万方数据库
……		
……		

> **小贴士**
>
> 　　网络市场间接调研指的是通过收集网上二手资料进行调研。二手资料的来源有很多，如政府出版物、公共图书馆、大学图书馆、贸易协会、市场调查公司、广告代理公司和媒体、专业团体、企业情报室等。其中，许多单位和机构都已在互联网上建立了自己的网站，各种信息都可通过访问其网站获得。再加上众多综合型ICP（互联网内容提供商）、专业型ICP以及成千上万个搜索引擎网站，使得互联网上二手资料的收集非常方便。
>
> 　　互联网上虽有海量的二手资料，但要找到自己需要的信息，首先要熟悉搜索引擎的使用，其次要掌握专题型网络信息资源的分布。归纳一下，网上查找资料主要可以通过三种方法：利用搜索引擎；访问相关的网站，如各种专题性或综合性网站；利用相关的网上数据库。

步骤三：各小组撰写调研报告，通过PPT呈现（制作调研报告）。

小组成员完成各自分工的调研任务后，集中绘制调研企业的发展历程图，参考图1-5，辅以关键里程碑事件，指明其重大意义，并结合相关知识展开；分析电子商务环境下该企业现代物流的未来发展趋势，最终将调研结果加工成10页左右的PPT呈现，内容要求参考图1-6。

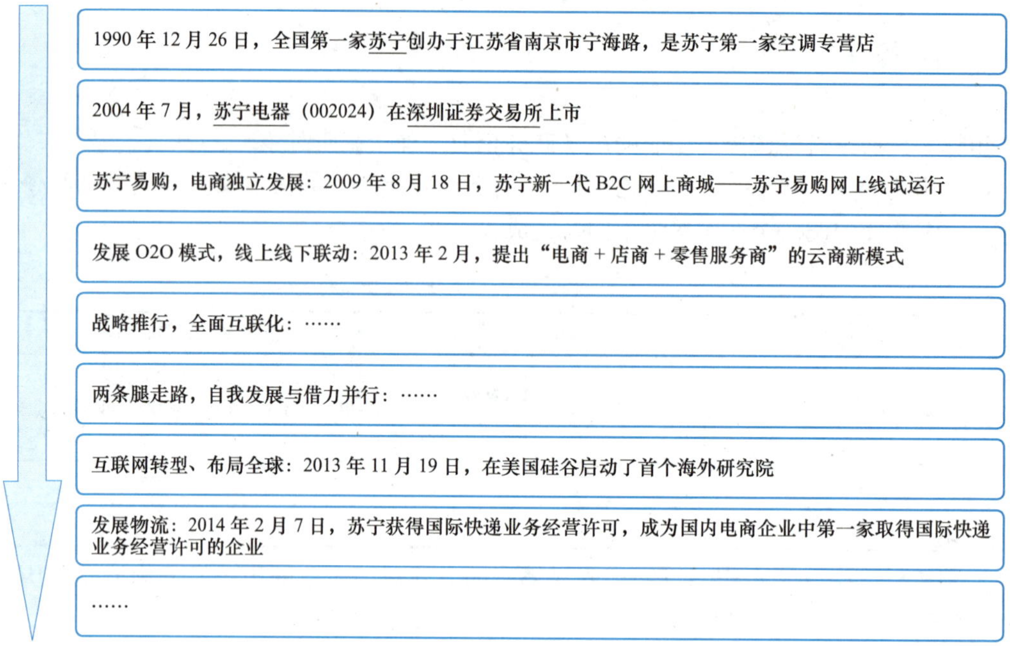

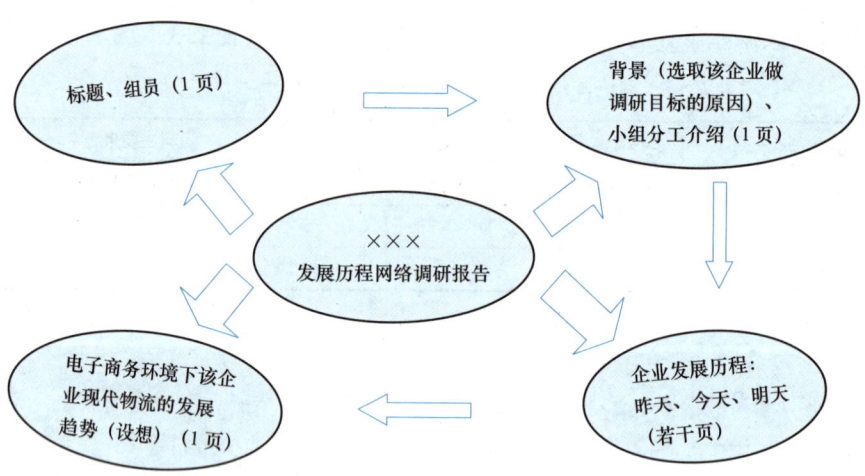

1990 年 12 月 26 日，全国第一家苏宁创办于江苏省南京市宁海路，是苏宁第一家空调专营店
2004 年 7 月，苏宁电器（002024）在深圳证券交易所上市
苏宁易购，电商独立发展：2009 年 8 月 18 日，苏宁新一代 B2C 网上商城——苏宁易购网上线试运行
发展 O2O 模式，线上线下联动：2013 年 2 月，提出“电商 + 店商 + 零售服务商”的云商新模式
战略推行，全面互联化：……
两条腿走路，自我发展与借力并行：……
互联网转型、布局全球：2013 年 11 月 19 日，在美国硅谷启动了首个海外研究院
发展物流：2014 年 2 月 7 日，苏宁获得国际快递业务经营许可，成为国内电商企业中第一家取得国际快递业务经营许可的企业
……

图 1-5 苏宁发展历程图

标题、组员（1 页）
背景（选取该企业做调研目标的原因）、小组分工介绍（1 页）
×××
发展历程网络调研报告
企业发展历程：昨天、今天、明天（若干页）
电子商务环境下该企业现代物流的发展趋势（设想）（1 页）

图 1-6 ××× 发展历程网络调研报告 PPT 结构模型

步骤四：任务完成展示成果，进行分享、评分。

完成上述任务后，各组分别派一名组员进行汇报，并分享本组实施该任务的过程，以及期间遇到的问题、对应的解决方法等，全班交流和讨论，教师予以指导、点评。

知识链接

一、我国电子商务物流的发展历程

物流（Physical Distribution）一词最早出现于美国，指销售过程中的物流，即流通物流。

我国早期的物流概念来自日本,"物流"一词直接取自日语,即"物的流通",到了 20 世纪 60 年代中期改称为"物流"。

我国物流业的发展历程,从功能单一或简单的功能组合,到逐步转变为能够提供全链条、一体化、现代化的综合物流服务,大致可以分为四个阶段。

1. 第一阶段（1949 年～1978 年）："储"与"运"的组合

计划经济体制下,各部门自成体系,对本系统的物品进行统一的储存和运输,形成了国有储运企业(含仓储、运输企业)一统物流天下的局面,尤其是仓储设施,基本上集中在商业、粮食、物资、代销和外贸 5 个流通系统。严格地说,这样的单一性活动还不是现代意义的"物流"。

2. 第二阶段（1978 年～2000 年）：创新发展社会化物流服务

改革开放后,我国积极借鉴西方发达国家的物流发展成功经验,引导传统储运企业进一步深化改革,推动传统储运业向现代物流业的转变。在这一阶段,储运企业从行业自身特点与优势出发调整经营方向,储运主业不断加强与发展,物流功能进一步完善,并逐步向现代物流(配送)中心发展。

3. 第三阶段（2000 年～2010 年）：现代物流业快速发展

新世纪开始,相关企业积极转型或创新发展现代化的物流业务,物流产业规模不断扩大,产业结构发生重大转变,民营物流企业与外资、中外合资物流企业快速发展并形成一定规模,涌现出一批现代化的物流中心、配送中心(见图 1-7),区域性物流网络逐步形成,呈现出可持续发展的态势。

图 1-7　现代化配送中心

4. 第四阶段（2010 年至今）：物流业转型升级与高质量发展

在一系列政策推动下,着力构建高质量物流基础设施网络体系,物流进入了创新驱动的注重质量发展的重要阶段,如仓储企业由传统仓储中心向多功能、一体化的综合物流服务商转变。无论是在市场规模,还是在物流技术与管理方面均领跑世界物流产业,跨行业、多层次、多要素联动的产业创新模式初步呈现。

二、我国电子商务物流发展现状

1. 行业竞争深化,集中化程度加剧

小程序、直播电商、社交电商拓展了网络消费空间,进一步打通了线上平台与线下门店的整合路径,促进了消费的新增长,为电商物流提供了新的业务来源。而上游电商的迭代创新顺应了多元化、个性化的消费体验,对电商物流服务提出了更高的要求。目前,物流市场整体增速放缓,竞争更加白热化,行业将开启新一轮淘汰赛。

2. 同城即时配送,推动电商本地化

同城即时配送行业是物流行业增长速度最快、关注度最高的细分领域之一。同城即时配送能力成为行业竞逐的重要基础设施,越来越受企业重视。2019 年,美团配送、蜂鸟即配、

顺丰同城急送等相继进行品牌独立，达达集团赴美上市，成为"即时零售第一股"，提振了行业信心。即时配送网络全面服务本地生活的进程加快，为配合阿里"同城零售"战略布局，菜鸟推出"菜鸟直送"，构建立体化同城配送网络，以线上线下融合发展为特征的电商本地化时代已经到来。

3. 下沉市场活跃，抢占农村电商物流先机

近年来，"下沉市场"的电子商务活跃用户规模不断壮大，农村网络零售额逐年提升，但制约工业品下行和农产品上行的"最后一公里"配送难题仍然存在。乡镇等下沉市场，存在人口密度小、需求密度低、服务范围大、配送成本高等特点，配送服务在一些交通不便利的偏远地区还未实现全覆盖。得益于农村电商政策的连续性和稳定性，农村电商物流体系正在逐步完善，下沉市场已成为新战场。

4. 科技创新，应用逐渐聚焦落地

5G、人工智能、大数据、云计算等技术，在运输、分拣、仓储（见图1-8）、系统平台、末端配送等环节实现落地应用。近年来，无人投递和各类数字化设备得到广泛应用与普及。美团外卖率先在武汉推出"无接触配送"，并迅速实现全国覆盖。阿里巴巴本地生活发挥数字平台力量，快速落地智能设备、生鲜自提等智能硬件和创新服务。末端无人化趋势加速，无人车（见图1-9）已在部分高校等特定场所开始提供常态化服务，包裹收取平均时长在30分钟左右。传统快递公司继续坚持科技创新之路，初见成效。

图1-8 京东自动导引小车

图1-9 菜鸟无人车

5. 绿色环保，高度重视生态工作

电商快递包裹过度包装、包装废弃物增长过快、对社会资源环境压力过大等突出问题已经成为社会热点，环保督察力度和广度不断升级。绿色物流已成为全球关注的焦点，各大电商企业也纷纷意识到自己的责任，开始在仓、运、配等各个物流环节展开绿色行动，并初见成效，如电子面单已全面进入电商领域，基本代替了传统一式四联的手写面单。

> **小贴士**
>
> 多式联运是指使用多种运输方式，利用各种运输方式的内在经济，在最低的成本条件下提供综合性服务。这种把不同的运输方式综合起来的方式，也称为"一站式"运输。

三、电子商务物流的发展趋势

1. 多功能化——物流企业发展的方向

在电子商务时代，物流发展到集约化阶段，一体化的配送中心不仅提供仓储和运输服务，还必须开展配货、配送和各种提高附加值的流通加工服务项目，也可按客户的需要提供其他服务。从供应者到消费者的整条供应链上的综合运作，使物流达到最优化。企业追求全面的、系统的综合效果，而不是单一的、孤立的片面发展。

2. 一流服务——物流企业的追求

在电子商务下，物流业是介于供货方和购货方之间的第三方，是以服务作为第一宗旨的。优质和系统的服务使物流企业与货主企业结成战略伙伴关系，一方面使物流企业有稳定的资源，另一方面也有助于货主企业的产品迅速进入市场，提高竞争力。物流企业不仅要为本地区服务，而且还要进行长距离的服务。客户不但希望能得到优质的服务，而且希望服务点不是一处，而是多处。因此，如何提供高质量的服务便成了物流企业管理的核心。

3. 信息化——物流企业的必由之路

物流信息化是指物流企业运用现代信息技术对物流过程中产生的全部或部分信息进行采集、分类、传递、汇总、识别、跟踪、查询等一系列处理活动，突破时间和空间的限制，实现对货物流动过程的控制，降低成本，提高效益。物流信息化包括商品代码和数据库的建立，运输网络合理化、销售网络系统化和物流中心管理电子化建设等，是现代物流的灵魂，也是现代物流发展的必然要求和基石。在电子商务时代，要提供最佳的服务，物流系统必须要有良好的信息处理和传输系统。可以说，没有现代化的信息管理，就没有现代化的物流。

4. 全球化——物流企业竞争的趋势

电子商务的出现，加速了全球经济的一体化，致使物流企业的发展达到了多国化。全球化战略的趋势，使物流企业和生产企业更紧密地联系在一起，形成了社会大分工。生产厂集中精力制造产品、降低成本、创造价值；物流企业则花费大量时间、精力从事物流服务。物流企业的满足需求系统比原来更进一步了。

5. 绿色化——物流企业的职责所在

绿色物流是指以降低对环境的污染、减少资源消耗为目标，利用先进物流技术，规划和实施的运输、储存、包装、装卸、流通加工等物流活动。绿色物流的目标是在实现经济利益目标的同时，还要追求节约资源、保护环境这一既具经济属性、又具有社会属性的目标。物流绿色化归根结底就是物流企业经营的绿色化。

发展绿色物流是我国可持续发展战略的一个重要环节。绿色物流与绿色制造、绿色消费共同构成了一个节约资源、保护环境的绿色经济循环系统。当前，各物流企业加快绿色转型，加强绿色运营技术创新，不断提高物流绿色化水平。我国物流业正在向低污染、低消耗、低排放、高效能、高效率、高效益的绿色物流转变。

任务评价

考评标准	考评项目	分值/分	组内评价	他组评价	教师评价	实际得分
	组员分工明确,团队合作	20				
	调研报告目的明确,内容翔实,结构完整	40				
	PPT 制作精美	20				
	语言表达流畅,条理清晰	20				
	合　　计	100				

注:实际得分=组内评价×30%+他组评价×30%+教师评价×40%。

知识拓展

神秘的京东"X事业部"

为响应国家"中国制造2025"号召,京东一直将自身强大的物流体系与"互联网+"相融合,京东自建的物流配送体系不仅是京东的核心竞争力之一,也正在成为中国乃至全球的行业标杆。但是,物流重资产、人力密集的行业特点,必然让成本控制成为难题,为解决这个难题,京东成立了"X事业部"。

和谷歌曾经的"X实验室"的多样性不同,京东"X事业部"专注于"互联网+物流",打造的是京东"无人科技",以巩固京东自建物流体系的优势,并且可以降本增效。目前,京东"X事业部"的成果主要集中在以下部分:

一是仓储的无人化,包括了分拣、仓内搬运的无人化,如无人仓;

二是配送的无人化,主要是应用了自动驾驶技术的配送车、机器人以及无人机等;

三是店面的无人化,主要应用是无人超市、无人零售便利店、无人零售货架等。

随着京东无人技术战略的不断深化,京东智能物流将能够满足甚至创建出更丰富的应用场景,满足复杂多变的用户需求,实现运营效率和用户体验的多重提升,成为京东智能化商业的重要一环。

任务三　认识电子商务物流模式

任务目标

1. 了解电子商务物流模式的类型;
2. 掌握选择电子商务物流模式的方法;
3. 能够选择合适的电子商务物流模式。

项目一 走进电子商务物流

任务描述

　　王晓明是浙江省湖州市某中职学校物流专业的学生，他利用课余时间在天猫网上开了一家店铺，成为天猫网上一名箱包和小型饰品卖家。2022年4月23日，他接到湖南长沙王小姐的一份订单，订单金额为635.5元，货品重量为1.5kg，按约定卖家应承担运费，王小姐希望3天内能收到货品。

　　王晓明平时采用的物流模式主要有以下三种：

　　方式一：箱包批发商有一辆小货车，对于平时批发商周边的客户，王晓明都让批发商直接送货。

　　方式二：对于湖州市内的客户，王晓明骑着电瓶车自己送货。

　　方式三：对于一些较远地区的客户，王晓明选择学校附近的中国邮政、韵达、圆通、顺丰速运4家公司提供快递服务。

　　请你根据此订单，帮助王晓明选择适合的物流模式。

任务实施

　　步骤一：各组学生根据任务描述，判定三种方式所属的物流模式。

　　组长组织本组同学进行小组讨论，分析王晓明平时采用的三种方式分别属于哪种电子商务物流模式，在表1-4的相应空格中画"√"。将讨论结果进行展示，教师进行点评和总结。

表1-4 物流模式分析表

模　式	自营物流	第三方物流	物流联盟模式
方式一			
方式二			
方式三			

　　步骤二：按矩阵分析法进行小组讨论，分析选择物流模式。

　　本组同学根据任务描述进行小组讨论，运用矩阵分析法（见图1-10），分析该物流服务对网店的影响程度和网店经营物流的能力，填写物流模式选择分析表（见表1-5），派代表进行发言，展示成果，进行组间讨论。教师进行点评和总结。

表1-5 物流模式选择分析表

第　小组	组　长：			
小组成员				
运用方法	矩阵分析法	功能分析法	优劣势比较分析法	层次分析法
选择模式				
选择原则				

· 15 ·

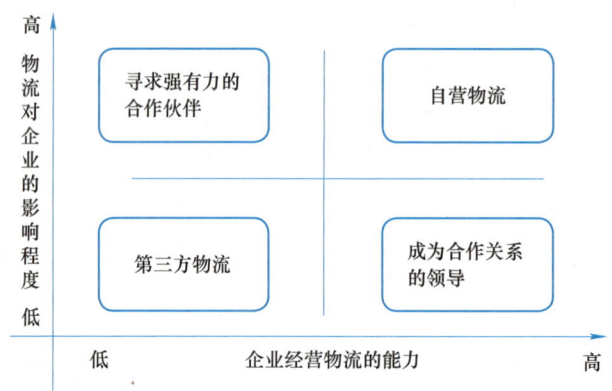

图1-10 矩阵分析法

步骤三：按功能分析法进行小组讨论，分析选择物流模式。

本组同学根据任务描述进行小组讨论，运用功能分析法（见图1-11），对该电子商务企业自身的物流服务能力进行评估，填写物流模式选择分析表（见表1-5），派代表进行发言，展示成果，进行组间讨论。教师进行点评和总结。

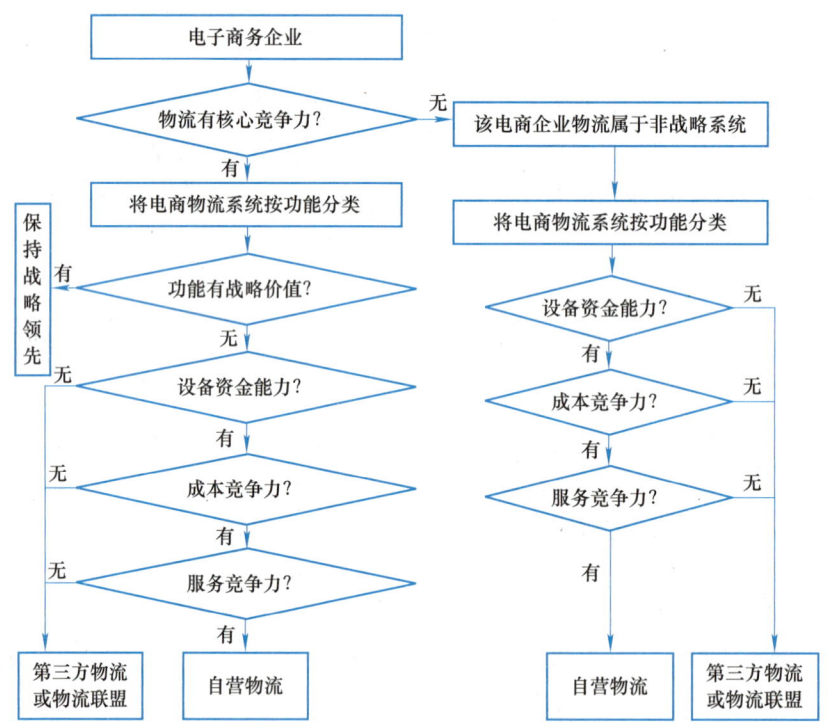

图1-11 功能分析法

步骤四：按优劣势比较分析法进行小组讨论，分析选择物流模式。

本组同学根据任务描述进行小组讨论，运用优劣势比较分析法，填表1-6，对各物流模式的优劣势进行比较分析，填写物流模式选择分析表（见表1-5），派代表进行发言，展示成果，进行组间讨论。教师进行点评和总结。

表1-6 物流模式优劣势比较分析表

物流模式	方式一	方式二	方式三
优　　势			
劣　　势			
选择建议			

步骤五：按层次分析法进行小组讨论，分析选择物流模式。

本组同学根据任务描述进行小组讨论，运用层次分析法（见图1-12），商议确定各方式的成本因素、服务因素、环境因素、内部因素的权重。根据层次分析法要素评分标准（见表1-7），参照评分标准对三种可供选择的物流模式进行评分。填写物流模式选择分析表（见表1-5），派代表进行发言，展示成果，进行组间讨论。教师进行点评和总结。

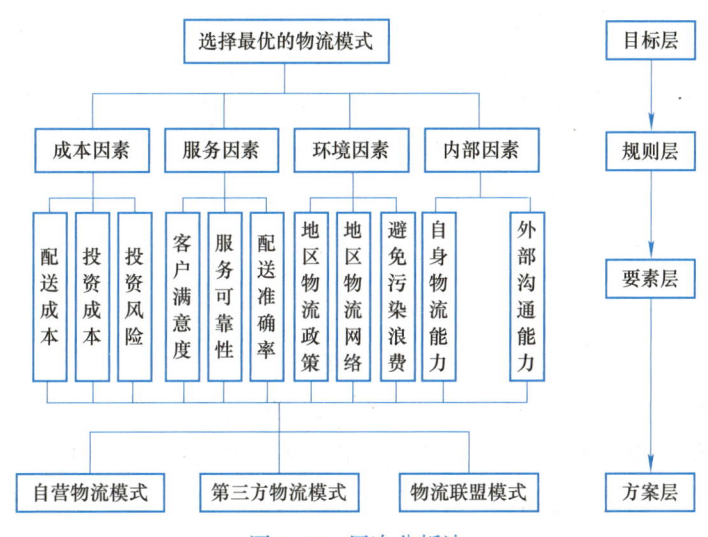

图1-12 层次分析法

表1-7 层次分析法要素评分标准

分　　数	要素评分标准
1	表示两个相比具有相同重要性
3	表示一个因素比另一个因素稍微重要
5	表示一个因素比另一个因素明显重要
7	表示一个因素比另一个因素强烈重要
9	表示一个因素比另一个因素极其重要
2、4、6、8	表示两个要素之间重要性介于临界等级之间

步骤六：教师进行总评，确定物流模式。

教师对各小组的完成情况进行总评，确定本任务最终应该选择的物流模式。各小组派代表对电子商务物流模式的选择进行总结。

知识链接

微课01 认识电子商务物流模式

一、电子商务物流模式的概念

电子商务物流模式是指在电子商务环境下，物流企业以市场为导向，以满足客户需求为宗旨，从企业自身的实际情况出发，获取系统整体效益最优化，适应现代社会经济发展要求的物流运作模式。

二、电子商务物流模式的主要类型

1. 自营物流模式

自营物流模式是指电子商务企业为了满足自身物流业务发展的需要，自己组建物流系统，购置物流设备，配置物流人员，组织管理整个物流运作过程的模式。采用自营物流模式的企业一般有很高的顾客服务需求标准，物流成本占总成本的比重较大，自身实力雄厚，如海尔、京东自建物流。

2. 第三方物流模式

第三方物流模式又称外包物流模式或合同物流模式，由电子商务企业以签订合同的方式，在一定期限内将自身不擅长的物流业务以外包的形式委托给第三方物流企业进行运作。电子商务企业一般寻找的第三方物流企业是快递企业，其合作方式依规模的不同，可能是外购公共性物流服务，也可能是物流外包给第三方。目前，国内大部分电商零售平台均选择第三方物流模式，如拼多多、当当网等。

3. 物流联盟模式

物流联盟是以物流为合作基础的企业战略联盟，是指两个或多个企业之间，为了实现自己的物流战略目标，通过各种协议、契约而结成的优势互补、风险共担、利益共享的松散型网络组织。简单地说，物流联盟模式就是"自建物流+第三方物流"的模式。物流联盟模式主要有合资式联盟和契约式联盟两种。例如，新蛋网借力自建物流和第三方物流完成配送任务。

4. 物流一体化模式

物流一体化是以物流系统为核心，由生产企业经由物流企业、销售企业直至消费者供应链的整体化和系统化。物流企业通过与生产企业建立广泛的代理或买断关系，与销售企业形成较为稳定的契约关系，从而将生产企业的商品或信息进行统一处理后，按部门订单要求配送到店铺。它是在第三方物流基础上发展起来的新的物流模式。

三、电子商务物流模式的优势和劣势（见表1-8）

表1-8 电子商务物流模式的优势和劣势

模式类型	优 势	劣 势
自营物流模式	1. 增强对企业物流的控制力 2. 能够适应企业的发展需求，保证企业服务质量和企业形象的提升	1. 资金占用多、投资规模大、风险高 2. 业务覆盖范围有限 3. 必须具有较强的综合物流管理能力
第三方物流模式	1. 提高企业核心竞争力 2. 降低企业投资规模，降低成本和风险 3. 增加物流覆盖区域，充分利用社会资源	1. 物流控制能力低 2. 具有一定的风险性和不确定性 3. 服务质量及时效性无法保证
物流联盟模式	1. 减少投资，降低经营风险 2. 提高企业的物流能力	1. 稳定性不容易控制 2. 整合优势不易发挥 3. 物流配送不易标准化
物流一体化模式	1. 降低成本 2. 提供全方位的物流服务 3. 获得整体效益最大化 4. 扩大核心竞争力	1. 关系较为复杂 2. 难以形成自身的规模效益

四、选择电子商务物流模式的方法

1. 矩阵分析法

矩阵分析法主要考虑物流服务对本企业的影响程度和本企业经营物流的能力，据此进行电子商务物流模式的选择。

（1）若物流对企业的影响程度高、企业经营物流的能力相对较低，则宜采用物流联盟模式，寻求强有力的合作伙伴，以期弥补自己的物流劣势。

（2）若物流对企业的影响程度较低、企业经营物流的能力也低，则宜采用第三方物流模式。

（3）若物流对企业的影响程度高、企业经营物流的能力也高，则宜采用自营物流模式。

（4）若物流对企业的影响程度低、企业经营物流的能力高，即企业存在物流能力盈余现象，宜采用物流联盟模式，成为合作关系的主导，以充分利用自身的物流资源。

2. 功能分析法

功能分析法是电子商务企业在物流运输、仓储、配送等基本功能分析的基础上，对本电子商务企业自身的物流服务能力进行评估，以此决定采用自营物流、第三方物流还是物流联盟的方法。

如果选择第三方物流，电子商务企业通常是向第三方物流企业购买一项或几项功能性物流服务，如运输或仓储等。但由于物流服务的分散性和临时性，物流公司很难为电子商务企业量身打造个性化物流服务。从决策过程来看，功能分析法更侧重于物流功能的分析，而对物流功能战略分析，特别是物流成本和服务水平的分析放在较次要的位置。在选择物流模式时，可将其分析思路作为参考。

3. 优劣势比较分析法

优劣势比较分析法是电子商务企业在对不同物流模式优势、劣势比较分析的基础上，结合自身实际情况、业务性质和作业要求，从而选择适合自己企业的物流模式的方法。

4. 层次分析法

层次分析法是指电子商务企业将需要解决的问题按目标层、规则层、要素层和方案层进行分层处理，然后对规则层不同因素的相对重要性给予不同的权数，再对各因素下的具体要素进行评分，最终通过综合计算选择总分最大的方案作为最终选择方案。

层次分析法应用的关键技术有二：其一在于确定规则层的组成部分和要素层的要素；其二在于确定规则层各组成部分的权数和要素层在各备选方案下的评分。要想正确应用层次分析法，决策者必须掌握企业的实际情况和内外环境，并能根据备选方案情况和评分标准对各要素进行科学评分，在此基础上才能获得最佳方案。

任务评价

	考评项目	分值/分	组内评价	他组评价	教师评价	实际得分
考评标准	会用矩阵分析法	20				
	会用功能分析法	20				
	会用优劣势比较分析法	20				
	会用层次分析法	20				
	语言表达	10				
	团队合作	10				
	合　计	100				

注：实际得分＝组内评价×30%＋他组评价×30%＋教师评价×40%。

知识拓展

电子商务末端配送的盈亏平衡点

建立自己的物流配送中心并不适用于所有电子商务企业，取胜的要诀在于规模化的订单和高效运作，特别是末端派送（一般占物流总成本的45%左右）。按照专业机构测算，若一个城市区域的日送货量少于600单，创建一支自建送货团队，每件递送成本为人民币13～15元，是无法盈利的。但日送货量在10 000单以上，就可以使每件递送成本降至2元以下，达到自建物流仓库的要求。

盈亏平衡点（Break Even Point，BEP）又称零利润点、保本点、盈亏临界点、损益分歧点、收益转折点，通常是指全部销售收入等于全部成本时（销售收入线与总成本线的交点）的产量。以盈亏平衡点为界限，当销售收入高于盈亏平衡点时企业盈利；反之，企业就亏损。盈亏平衡点可以用销售量来表示，即盈亏平衡点的销售量；也可以用销售额来表示，即盈亏平衡点的销售额。

项目二

走进电子商务物流服务

任务一 认识电子商务物流服务

任务目标

1. 掌握电子商务物流服务的内容；
2. 理解电子商务中两种服务类型的区别与联系；
3. 能补充一些简单的物流服务细则。

任务描述

1999年8月，易趣网创立；1999年9月，阿里巴巴在杭州成立；1999年11月，当当网正式开通。以易趣网为代表的C2C模式、以阿里巴巴网为代表的B2B模式和以当当网为代表的B2C模式全部亮相。自此中国的电子商务进入高速发展的阶段。

电子商务发展的核心是服务，特别是物流服务。任课教师可带领学生进行网上调研，收集京东商城、聚美优品、顺丰优选的物流服务细则，对这些物流服务细则进行比较，并完善一份服务细则。

小知识

随着互联网的快速发展，电子商务模式除了原有的B2B、B2C、C2C等商业模式外，近年来以美团为代表的新型消费模式O2O已快速在市场上发展起来。

2010年，作为团购网站的美团网成立。时至今日，美团网已发展成为国内领先的生活服务电子商务平台，可以提供吃、喝、行、游、购、娱一站式服务。公司拥有美团、大众点评、美团外卖、美团优选和美团买菜等消费者熟知的产品，服务涵盖餐饮、外卖、生鲜零售、打车、共享单车、酒店、旅游、电影、休闲娱乐等200多个品类，业务覆盖全国2 800个县区市。

美团的使命是"帮大家吃得更好，生活更好"。作为一家生活服务电子商务平台，美团聚焦"Food+Platform"战略，以"吃"为核心，通过科技创新，致力于为消费者提供高品质生活，推动生活服务业从需求侧到供给侧的数字化升级。

任务实施

步骤一： 课前收集资料。

将全班同学进行分组，自选组长。组长组织本组同学在课前进行网上资料的收集，主要包括京东商城、聚美优品、顺丰优选的物流服务细则，并进行总结，通过 PPT 展示。

步骤二： 小组讨论学习电子商务物流服务的内容，区分传统物流服务和增值性物流服务。

组长安排组内各成员的任务，确定发言人、记录人等，并发放有关电子商务物流服务内容的学习资料，让组员自行进行阅读理解。若出现疑难问题，组长和任课教师可进行指导。对收集的相关物流服务细则进行讨论分析，完成表 2-1。

表 2-1　传统物流服务和增值性物流服务分类

调研企业	传统物流服务	增值性物流服务
例：亚马逊	1. 提供全国多个城市上门提送货服务，其中包括退货、灵活多样的货物调拨等服务 2. 提供全国多个城市之间的卡班干线运输 3. 全年提供高效、准时的配送服务 4. 在全国有 5 000 多个自提服务点	1. 根据客户的需求，对货物进行装卸、分拣、验收、扫描，同时还可提供末端站点的暂存等多种定制化服务 2. 为客户提供现金代收货款服务，还能在全国近 200 个城市提供移动 POS 机刷卡服务 3. 可以根据客户需求提供换货、退货、开包验收等多种服务
京东商城		
聚美优品		
顺丰优选		

步骤三： 各组展示成果，任课教师进行点评讲解。

各组派代表发言，利用课前制作的 PPT 展示本组成员收集到的物流服务细则，并展示表 2-1，对结果进行简单的解释。展示完毕后，任课教师对电子商务物流服务的内容进行详细讲解，指出学生存在的问题，帮助学生理解传统物流服务与增值性物流服务两方面内容。各组同学根据任课教师的讲解，对小组内的答案进行修改和整理，提出疑问，任课教师进行解答。

步骤四：完善一份物流服务细则。

任课教师提供一份苏宁易购物流服务细则，各小组进行讨论，修改或增加一些服务细则，完成表2-2。讨论结束，各小组展示各自成果，任课教师进行点评并打分。

表2-2 物流服务细则

原 版	修改或增加
一、自营商品配送政策 1. 自营商品配送费收费标准 （1）苏宁易购商品配送收费标准：整个订单金额满50元，即可享受免费配送服务；若订单金额不足50元，需要收取5元运费 （2）订单金额以加入购物车后（减去直降、满减等促销优惠后）的金额为准 （3）实际收取的运费金额以提交订单页面内的结算信息处展示的运费金额为准 2. 配送费发票开具 配送费金额将单独列示在商品发票上 3. 退货时配送费规则 （1）发生非顾客原因退货时，分摊至该商品的运费将随货款一并退还 （2）因顾客自身原因在苏宁发货后退货或收货当场拒收，如果同一客户（账户）在30日内有过2次以上（含）或365日内有过5次以上（含）该行为，该客户（账户）将不再享有"50元免运费"的权利。时间计算方法为：30日至客户成功提交订单后向前推算30天，365日指客户成功提交订单后向前推算365天，不以自然月和自然年计算 （3）苏宁易购有权通过包括但不限于收货地址、绑定手机、联系方式等判定是否构成统一客户（账户），若客户对苏宁易购的判定有异议，可向苏宁易购客服提供相应证明，由苏宁易购核实处理 二、第三方卖家配送费政策 第三方卖家商品按照商品页面公示的配送费金额和规则收取配送费，各卖家配送费收取规则不同，以具体商品页面上的公示为准	一、传统物流服务内容： 二、增值性物流服务内容：

步骤五：选择合适的电子商务物流服务内容。

任课教师提供需要运输的商品，小组讨论该选用哪种物流服务类型，完成表2-3，并注明原因。小组讨论完成后任课教师进行评价和讲解，小组进行修改。

表2-3 快递服务和物流服务

商品类别	快递服务	物流服务
10件衣服		
15台大型机械		
2箱水果		
1台计算机		
10t钢材		
20辆小型轿车		

一、电子商务物流服务内容

（一）传统物流服务

1. 储存服务

电子商务既需要建立网站，同时又需要建立或具备物流中心，而物流中心的主要设施之一就是仓库及附属设备。需要注意的是，电子商务服务提供商的目的不是要在物流中心的仓库中储存商品，而是要通过仓储来保证市场分销活动的开展，同时尽可能降低库存占压的资金，减少储存成本。因此，提供社会化物流服务的公共型物流中心需要配备高效率的分拣、传送、储存、拣选设备。那些能将供应链上各环节的信息系统有效集成，并能取得以尽可能低的库存水平满足营销需要的电子商务方案提供商将是竞争中真正的领先者。

2. 装卸搬运服务

装卸搬运服务是为了加快商品的流通速度而必须具备的服务，无论是传统的商务活动还是电子商务活动，都必须具备一定的装卸搬运能力。第三方物流服务提供商应该提供更加专业化的装载、卸载、提升、运送、码垛等装卸搬运机械，以提高装卸搬运作业效率，降低订货周期，减少作业对商品造成的破损。

3. 包装服务

物流的包装作业目的不是要改变商品的销售包装，而在于通过对销售包装进行组合、拼配、加固，形成适于物流运输和配送的组合包装单元。

4. 流通加工服务

流通加工的主要目的是方便生产或销售，专业化的物流中心常常与固定的制造商或分销商进行长期合作，为制造商或分销商完成一定的加工作业，如贴标签、制作并粘贴条码等。

5. 物流信息处理服务

现代物流系统的运作已经离不开计算机，将各个物流环节、各种物流作业的信息进行实时采集、分析、传递，并向货主提供各种作业明细信息及咨询信息是最基础的服务。

（二）增值性物流服务

1. 增加便利性的服务

一切能够简化手续、简化操作的服务都是增值性服务。在提供电子商务物流服务时，推行一条龙的门到门服务、提供完备的操作或作业提示、免培训、免维护、省力化设计或安装、代办业务、一张面孔接待客户、24 小时营业、自动订货、传递信息和转账（利用 EOS、EDI、EFT[⊖]）、物流全过程追踪等都是对电子商务销售有用的增值性服务。

2. 降低成本的服务

发展电子商务，要探求能够降低物流成本的物流方案，以发掘第三利润源泉。可供考

[⊖] EOS：电子订货系统；EDI：电子数据交换；EFT：电子转账系统。

虑的方案包括：采用第三方物流服务商、电子商务经营者之间或电子商务经营者与普通商务经营者联合、采取物流共享计划。同时，具有一定规模的电子商务企业可以通过信息技术等手段来提高物流的效率和效益，降低物流成本。

3. 加快反应速度的服务

这是一项使交流过程变快的服务。快速反应已成为物流发展的动力之一。它可以通过两条途径予以解决：一是提高运输基础设施和设备的效率，如修建高速公路、铁路提速、汽车加速等。这是一种速度的保障，但在需求方对速度的要求越来越高的情况下，它也变成了一种约束。二是采用具有重大推广价值的增值性物流服务方案，如优化电子商务系统的配送中心、物流中心网络，重新设计适合电子商务物流的流通渠道，以此来减少物流环节、简化物流过程，提高物流系统的快速反应性能。

4. 延伸服务

这是一项将供应链集成在一起的服务。向上可以延伸到市场调查与预测、采购及订单处理，向下可以延伸到配送、物流咨询、物流方案的选择与规划、库存控制决策、货款回收与结算、教育与培训、物流系统设计与规划方案的制作等。延伸服务是最具有增值性、但也是最难提供的服务。能否提供此类增值服务，现在已成为衡量一个物流公司是否真正具有竞争力的标准。

二、电子商务物流服务类型

电子商务物流服务类型主要是快递服务和物流服务，可以通过表2-4了解这两种类型的区别。

表2-4 快递服务与物流服务的区别

项　目	快递服务	物流服务
定义	快递指快递公司通过铁路、公路和空运等交通工具，对客户货物进行快速投递。快递的特点是点到点，快速方便	物流指利用现代信息技术和设备，将物品从供应地向接收地准确的、及时的、安全的、保质保量的、门到门的合理化服务模式和先进的服务流程。物流随商品生产的出现而出现，随商品生产的发展而发展，所以物流是一种古老的、传统的经济活动
运输模式	快递会在每个城市布置多个网点，一是节省收货成本，二是便于获取更多货物。物品运输要经过多个网点分拨中转	物流就是为企业销售产品过程中所需要的物品运输而服务的，擅长的是跨省市地区之间的长途运输，且受物流公司管理、货车损耗、人工、仓储等成本的制约，只能负责点（物流网点）对点（物流网点）的运输。一票货物的运输总共有4个环节：货物原所在地、发货地物流网点、收货地物流网点、收货目的地
货物大小	适合20kg（或30kg）以内的小件物品，一单对应一件	适合30kg以上或体积庞大的大件物品
收费模式	快递收费是重量收取，超过1kg按2kg算，超过2kg按3kg算，以此类推。收费较贵	物流把货物分为重货和泡货，重货以重量计价，而泡货以体积计价。整体运输费用较少，因此常为企业所用。在一票运输当中，轻货要和重货搭配运输，这样才能让司机在保证利润的前提下减少车辆油耗和其他损耗
服务对象	个人	企业
到货时间	速度快，送货上门	速度慢，通常需要客户自提

任务评价

考评项目		分值/分	组内评价	他组评价	教师评价	实际得分
考评标准	课前认真完成资料的收集及整理工作	15				
	能正确区分传统物流服务与增值性物流服务，并正确填制表2-1	30				
	能正确理解快递服务和物流服务，并正确填制表2-3	30				
	遵守纪律、认真听讲；积极、主动参加小组活动，尊重他人意见，善于合作	25				
合 计		100				

注：实际得分 = 组内评价×30%+ 他组评价×30%+ 教师评价×40%。

知识拓展

无接触配送

2020年，在新冠肺炎疫情的影响下，"无接触配送"开始走进人们的视野，之后《商品无接触配送服务规范》（GB/T 39451—2020）国家标准也正式发布。

国标中对"无接触配送"定义如下：互联网平台根据消费者提出的服务需求，安排网约配送员从商家取商品，通过无中转、点对点的配送方式，经与消费者协商一致，将商品放置到指定位置，以保持安全距离或相互不见面的形式完成商品交付的配送方式。

从形式上看，"无接触配送"主要有以下三种：

（1）送货入柜和投递入柜。除了我们常见的智能快件箱外，外卖领域也开始了类似的尝试，比如美团批量投放的外卖柜，丰巢在湖北、北京等地开始试行快餐入柜等形式。

（2）约定投递，客户自提。以饿了么在2020年1月3日至2月3日的外卖订单数为例，在该时间段全国6.6万个"无接触配送"外卖订单中，让配送员把外卖挂在门把手、放在门卫室和门口鞋柜是消费者的三大主要选择，分别占比65%、14%以及9%。

（3）有距离配送。对于不方便自取或者必须当面签收的货物，快递员在配送时除了事先做好消毒处理及佩戴口罩外，货物送达和等待签收的过程中也要始终与客户保持1m或2m以上的安全距离，以降低传染风险。

在无接触配送中，一旦出现商品破损、丢失或是送错等情形，提供配送服务的平台应主动协调、解决赔偿问题，以此保障消费者、配送员和商家的权益。

在无接触配送过程中，如果遇到小区封闭、道路阻断等突发情况，配送员应当立即暂停配送，做好自身防护措施后联系站长及客服人员，根据实际情况确认终止或继续配送任务。

如果遇到投诉，平台应当安排客服部门在保证维护双方利益的前提下，处理消费者和配送员的投诉，处理完成后应根据双方反馈，进一步改进服务流程和质量。

项目二 走进电子商务物流服务

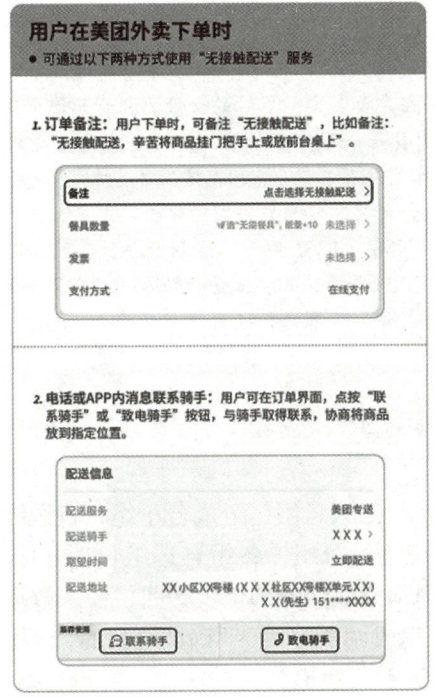

任务二　选择合适的快递服务

 任务目标

1．了解不同快递公司服务的区别；
2．能选择合适的快递公司；
3．学会资料收集的基本方法。

 任务描述

"创新创业"一直是中央政府关注的重点。李克强总理提出要大力推动大众创业、万众创新，支持创新型企业特别是创新型小微企业发展，让各种创新资源向企业集聚，让更多金融产品和服务对接创新需求，用创新的翅膀使中国企业飞向新高度。

住在杭州的王媛是一名即将毕业的职业学校学生，她在与家人、朋友充分沟通交流后，觉得自己更适合创业，于是选择了淘宝作为创业平台。她将拥有悠久历史的国货化妆品（如谢馥春、孔凤春等）作为主营产品，其他工作都已准备就绪，但却为选择哪家快递公司犯了难，本次任务就是在任课教师的指导下由同学们帮助其寻找合适的快递。

> **小知识**
>
> 在中国,护肤品的使用有着悠久的历史。《楚辞·大招》中有云:"易中利心,以动作只;粉白黛黑,施芳泽只。"由此可知,早在先秦时期,当时的女性已经开始使用化妆品来美化自己的容貌。
>
> 扬州谢馥春化妆品有限公司就是一家百年老店,其历史溯源于清朝道光十年(1830年)创立的谢馥春香粉铺。传统产品鸭蛋粉、冰麝油及香件(誉称东方固体香水),通称谢馥春"三绝"。1915年与"茅台酒"同获美国巴拿马万国博览会大奖,成为当时国际化妆品著名品牌和中国化妆品第一品牌。
>
> 孔凤春香粉号创建于清同治元年(1862年)。清朝末年,孔凤春"鹅蛋粉"作为清代皇家贡品、慈禧专用而久负盛名。1929年,孔凤春莲花霜、玉堂扑粉等产品在第一届西湖博览会上获得多项大奖。
>
> 其他的国货经典品牌还有普兰娜、百雀羚、迷奇、金芭蕾等。

任务实施

步骤一: 将全班同学按4~6人一组,分成若干组,自选组长。

根据全班同学的实际情况进行分组,各组自选组长,并报任课教师。由组长对本组同学进行任务分工,组织本组同学完成步骤二至步骤四,任课教师进行辅导。

步骤二: 做好调查准备,完成调查方案(明确调查目的,选择调查方法,确定调查对象)。

本次调查的总目标是了解不同快递公司的区别,并进行对比。在总目标的指导下,全班或者各小组同学明确各自的调查目的,然后分配不同的子目标,从而实现总的调查目的。各小组同学根据调查目的选择不同的快递公司作为本次调查的对象。

此外,任课教师还应选择合适的调查方法。各调查小组按照顺丰的范例,完成表2-5的填写,每位小组成员分别收集1~2个快递公司的相关信息。

表2-5 调查表

快递公司	顺丰					
服务项目	顺丰标快	顺丰特惠				
价 格	省内12元/kg,续重2元/kg;跨省22元起,续重10元/kg	跨省18元/kg起,续重6元/kg起				
运输方式	空运和陆运	陆运				
时 效	大陆互寄:1~2天,部分偏远地区加0.5~1天;至港澳台地区:1.5~2.5天,部分偏远地区加0.5~1天;至海外地区:3~5天	大陆地区互寄:2~3天,部分偏远地区加1~2天;至港澳台地区:2.5~3.5天,部分偏远地区加0.5~1天				
服务区域	中国大陆地区、港澳台地区,韩国、日本、新加坡、马来西亚、美国、泰国、越南、澳大利亚	大陆地区互寄,大陆寄往港澳台地区				
服务范围	禁寄航空禁运品(香水、喷雾杀虫剂、空气清新剂、锂电池等)	寄递物品范围广泛,液体、粉末、化妆品、锂电池、酒类等特殊物品均可邮寄				
服务态度	服务质量和服务态度好,比较规范					
增值服务	代收货款、保价、短信通知派送、签单返还、委托收件和签收、签收短信通知					

注:国内快递公司建议选择"三通一达"(申通快递、圆通速递、中通快递、韵达速递)、顺丰、EMS等较大的快递公司,也可根据所在城市特点进行选择;国际快递公司可选择EMS、DHL、Fedex、UPS、TNT等。

步骤三：课堂综合讨论总结。

根据设计的调查方案，各组在对收集的信息进行整理后，由任课教师组织学生以小组形式轮流上台，利用 PPT 等多媒体手段进行展示。展示完成后，在任课教师的带领下，对各个快递公司的特点进行总结，填写至新的空白表内。

步骤四：结合不同快递公司的特点，选择合适的快递公司。

王嫒收到以下订单，每个小组根据顾客要求和特点，选择合适的快递公司。估算重量及价格，并说明选择该快递公司的原因。完成后进行成果展示、修改并上交。

（1）绍兴的王小姐给远在贵州山区的妈妈订购了谢馥春的鸭蛋粉（见图 2-1），为了给妈妈一个惊喜，她并没有提前和妈妈说，该货物重约 1.1kg。王嫒该用哪家快递公司？

图 2-1　鸭蛋粉

（2）江西的李女士用了谢馥春的桂花头油（见图 2-2）之后感觉效果不错，就想着两天之后带些回老家送家人，可是没有在当地找到专卖店，因此选择网购，购买了 4 件，但时间比较紧，为了能及时收到，她愿意多付快递费用，包裹重约 2.2kg。

图 2-2　桂花头油（陶瓷瓶）

（3）福建的谢女士之前买的洁面乳（见图 2-3）马上就要用完了，因此提前买了两支孔凤春的珍珠洁面乳，要求能在用完前收到就可以了，该包裹重 0.9kg。

（4）选做任务：王嫒的小学同学正在美国留学，她想让王嫒帮忙寄 20 份谢馥香的粉饼，当作礼物送给美国的同学，重约 5kg，王嫒该如何选择快递公司？

图 2-3　洁面乳

知识链接

一、快递的概念

快递又名速递，是兼有邮递功能的门对门物流活动，即指快递公司通过公路、铁路和空运等交通工具，对客户的货物进行快速投递。除了具备较快送达目的地及当面签收的服务外，大多快递企业还提供邮件追踪服务、送递时间的承诺及其他按客户需要提供的服务。

二、快递服务项目

快递服务可分为基本服务和增值服务两部分，其中基本服务是指大多数快递企业都会提供的服务，如门到门运输服务、快件跟踪查询、理赔与投诉建议处理等都属于基本服务的范畴。除此之外，快递服务还包含许多增值服务，通常把这些增值服务称为快递服务的外延，是指快递企业根据顾客个性化需求提供的差别性服务，如个性化包装服务、快件加急服务、货款代收服务、运费到收服务、特殊取件及派送服务等都属于增值服务的范畴。快递企业在服务设计中包含所有的基本服务，增值服务需要根据消费者需求进行选择性提供。

三、快递服务的特点

1. 无形性

从根本上讲，快递服务并不是一种实体的现象，消费者购买的是一种动态的使用价值，而不是一个静态的"物"。消费者在消费某一项快递服务前，无法有效地感知快递服务，快递服务不能固定或物化在任何具有一定的重量、体积、颜色、形状和轮廓的实物对象或可以出售的物品之中，因此快递服务不能脱离快递服务提供者而单独存在。

2. 不可存储性

快递服务不能储存，快递企业在为客户提供服务之后，快递服务过程就结束了。而且快递企业无法预知并储存市场上所需要快递服务的数量。快递企业要随时为客户提供快递服务，不仅需要保持足够的快递服务能力，而且要有较高的资本投入。

3. 不可分离性

快递服务的不可分离性主要体现在快递服务的产生过程与顾客消费过程同时进行，也就是说快递服务提供者为顾客提供快递服务的过程，也正是顾客消费快递服务的过程，这两者在时间上是密不可分的。快递服务本身不是一个实体，而是由一系列的活动所构成的过程，所以快递服务过程也就是顾客的消费过程。

4. 差异性

快递服务的差异性一方面体现在服务体系的构成和服务体系的水平是不断变化着的，即使是同一岗位的员工的行为表现也会因为提供快递服务的人物、时间、地点的不同而有所差异，提供的物流服务也就不同，这使得快递企业很难有一个统一的标准来规范员工提供的物流服务。另一方面，快递服务不仅与快递服务提供者有关，也和顾客有关，因为快递服务的中心是人，而人具有鲜明的个性，每个顾客因为自身的消费偏好、认知水平、个人习惯而有自己独特的需求。

5. 从属性

快递是以商流为基础而产生的，同时伴随着资金流和信息流，所以快递服务必须从属于消费者或者企业的快递系统，表现在由顾客选择并决定货物的种类及流通时间上，快递企业只是被动地按照顾客的需求来提供服务。

6. 时间重要性

快递服务是一个过程，任何过程都是以一定的时间为前提的，所以提供一项快递服务所需的时间变得尤为重要。因此，时间成为评价快递服务的重要标准，优质的快递服务是以保证快递时间为前提的。

四、快递业务流程

快件首先需要按照下单、取件、验视封装和填单录入的作业顺序完成其交寄工作，把这一系列的工作归集到一个作业中心，那么这个作业中心就被称为交寄中心；然后将不同地区的快件进行整理和派发扫描，把这些作业归结到一个作业中心，那么这个作业中心被称为分拣中心；紧接着根据快件的性质通过不同的运输方式进行运输，把运输活动归结到运输中心；快件到达目的地后要依次进行到件扫描、派件扫描、配送作业最后直至客户签收等作业，把这一系列作业归集到一个作业中心,那么这个作业中心被称为投递中心。在整个作业流程中,快递公司需要客服人员处理投诉、理赔等服务,起着联系和纽带作用,这个作业中心就是客服中心。因此,可以把快递业务分别归集到交寄中心、分拣中心、运输中心、投递中心以及客服中心五个作业中心之中(见图2-4)。

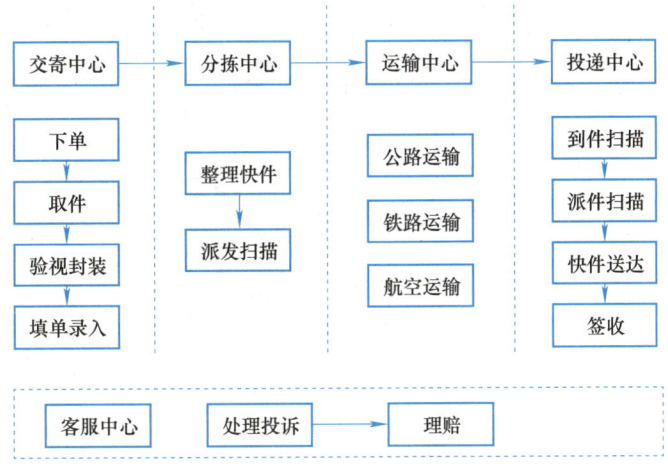

图 2-4　快递业务流程

五、快递企业综合评价指标体系(见图 2-5、图 2-6)

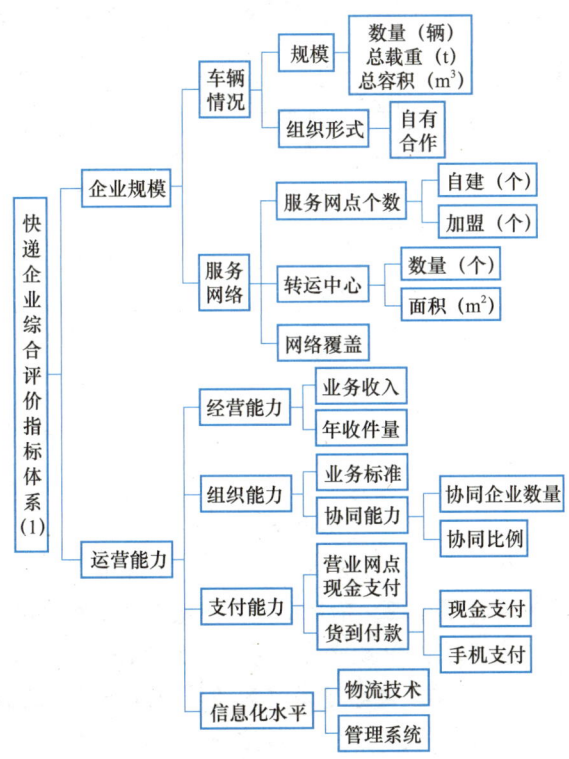

图 2-5　快递企业综合评价指标体系(1)

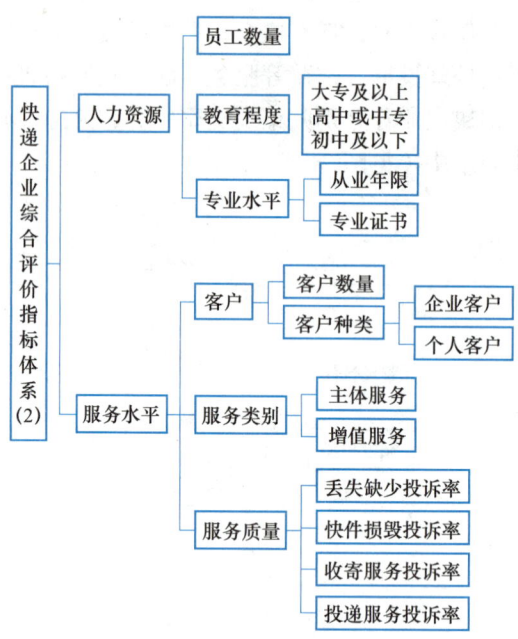

图 2-6　快递企业综合评价指标体系（2）

任务评价

考评标准	考评项目	分值/分	组内评价	他组评价	教师评价	实际得分
	调查方案设计详细完整	10				
	调查实施完整及记录翔实	20				
	调查报告详细完整	20				
	汇报展示	20				
	语言表达	15				
	团队合作	15				
	合　　计	100				

注：实际得分＝组内评价×30%＋他组评价×30%＋教师评价×40%。

知识拓展

隐私面单

2017年前后，多家快递公司陆续推出隐私面单服务。"隐私面单"是指用户的信息（如姓名、电话号码、收件地址等）通过技术处理，不显示或者不完全显示在快递面单上，同时在后台也进行了加密处理，快递员只能通过APP或者虚拟号码联系收件人，无须人工识别手机号码。

与传统面单相比，"隐私面单"隐藏了用户的关键隐私信息，避免用户个人隐私泄露。菜鸟网络安全部高级专家介绍，"我们暂时保留了一些地址信息，主要用于帮助快递员核对包裹，以后包裹上的用户相关信息将会越来越少。"

与此同时,京东则采用了"微笑面单"的形式,即从包裹生成时就隐藏了用户部分姓名和手机号码,以笑脸符号代替。自2017年,该服务在全国范围内推广,超过90%的自营配送订单已实现面单"微笑化"。

京东配送部终端服务负责人介绍,公司研发了专门服务于配送员的APP,配送员在站点收货时,扫描包裹上的条形码,用户信息便被录入系统;配送员送货时,根据订单号找到用户包裹,点击"拨打电话"与用户取得联系。"通过应用端发起请求、服务端回呼的方式完成通信,所有的通话都会经过京东的通信平台进行监管,并对停机、关机、空号、未接等呼叫结果进行记录,进一步管控和规范配送员的配送服务,确保用户体验。"该负责人如是说。

"隐私面单"的尝试不仅能提高行业的安全系数,减少消费者的顾虑,也可进一步推动快递实名制的落实。

任务三 选择合适的物流服务

 任务目标

1. 理解不同物流服务模式的内涵及特点;
2. 掌握选择物流模式时所需注意的因素;
3. 能够根据企业产品特点选择合适的物流。

 任务描述

本次任务是任课教师带领学生通过收集网络资料,为希望向电子商务方向发展的万向集团解决物流的相关问题。本次任务的目标是让学生了解电子商务企业的物流模式的选择与操作。

任课教师指导学生选择一家电子商务企业实施任务,完成任务目标。建议任课教师选择本地区的一家电子商务企业,通过调研该企业产品及其特点,对电子商务物流模式选择与操作进行认知体验,了解电子商务企业物流模式的特点和操作流程。

小知识

万向集团创建于1969年,从鲁冠球以4 000元钱在钱塘江畔创办农机修配厂开始,至今已发展成为拥有员工4万余人的现代化跨国企业集团。万向集团是国务院120家试点企业集团和国家520户重点企业中唯一的汽车零部件企业,是中国向世界名牌进军具有国际竞争力的16家企业之一,被誉为"中国企业常青树"。

万向集团以制造和销售汽车零部件为主业,以年均递增25.89%的速度发展。在国内,已形成6平方公里的制造基地,与一汽、二汽、上汽、广汽等建立了稳定的合作关系,主导产品市场占有率60%以上。在美国、英国、德国等10个国家拥有近30家公司、40多家工厂,海外员工超过万人,是通用、大众、福特、克莱斯勒等国际主流汽车厂配套合作伙伴,主导产品市场占有率12%。万向集团是目前世界上万向节专利最多、规模最大的专业制造企业,在美国制造的汽车中,每两辆就有一辆使用万向集团制造的零部件。

万向集团积极发展清洁能源,投资建成国内最大规模的锂离子电池生产基地,产品经过上海世博会、广州亚运会使用并受到好评。近年来,万向集团与多家拥有国际先进技术的美国清洁能源企业开展合作,先后收购美国知名清洁能源企业A123系统公司和菲斯科汽车公司,初步形成新能源汽车产业圈。同时,建成多个天然气发电厂、风力发电基地等,构建零部件与清洁能源并进、国内与国外资源互补、眼前与长远贯通的发展格局。

任务实施

步骤一:做好调查准备,完成调查任务。

本次任务的总目标是了解电子商务企业物流配送选择及需考虑的因素。在总目标的指导下,各小组成员再分工不同的子目标,从而实现总任务。各小组根据任课教师提供的任务信息,收集相关资料。首先要收集相关物流公司信息,主要为德邦物流、天地华宇、佳吉快运、中铁快运等,填入表2-6中(每位组员分别收集1~2家)。

表2-6 调查表

物流公司	德邦物流					
运送方式	汽运	航空				
服务价格	最低:重货0.75元/kg,轻货158元/m3	最低:重货0.95元/kg,轻货200元/m3				
价格构成	交通运输费 燃油附加费 综合服务费 保价费 上门取件费 送货服务费 其他增值服务费					

（续）

运送时间	2~3天以上	1天以上，比汽运快1~2天			
服务态度	企业自身要求较高，服务态度较好				
企业规模	上万家营业网点，区县级城市全覆盖 一万多台自有营运车辆 200多万平方米分拨中心总面积 300多亿元营业额				
禁运物品	普通公路禁止运输的货物 木材、竹、藤、有毒有害物品，刺激气味物品，易燃易爆物品				

步骤二：走上讲台展示汇报，修改完善。

根据小组内收集到的信息进行汇总、讨论、总结，按照要求将主要内容做成PPT的形式，要求小组能高度概括。在课堂上由小组代表上台展示汇报，每组展示时间为3~5分钟。展示完之后，对原有材料进行修改完善。

步骤三：根据总结表格，讨论完成以下任务。

以下三样货品需要进行运送，请为万向集团提供决策建议：

（1）位于广东的广汽集团为了改进车辆，需要5件新型筒形壳（见图2-7）作为样品，重量约为3kg，要求万向集团确保在2天内安全寄到。请问万向集团物流负责人应该选择何种方式运送（快递还是物流）？请选择具体公司后做简要说明。

图2-7　筒形壳

（2）广汽集团对该筒形壳进行初步检测后，认为可以将该配件装配到数十辆试验车上进行深入测试，因此需要800件筒形壳，约为500kg，装在1.5m³的箱子内。物流部门负责人该如何选择物流公司呢？

（3）位于江苏扬州的某科技公司发现了一种比万向集团现有电池电解液更先进的电解液，万向锂离子电池生产基地负责人希望能与其达成合作，因此先订购了重1 000kg的电解液。请问该产品应如何运送？完成表2-7。

表2-7　物流选择建议表

运送产品	筒形壳（5个）	筒形壳（800个）	电解液（1 000kg）
物流公司			
选择原因			

将本次任务的最终成果以两份表格和PPT的形式上交，进行最终评分。

知识链接

微课02 选择合适的物流服务

一、物流服务的相关概念

物流服务是指物流企业或是企业的物流部门从处理客户订货开始，直至商品送至客户手中，为满足客户需求，有效地完成商品供应、减轻客户物流作业负荷所进行的全部活动。物流服务主要包括三个要素：①有顾客需要的产品，即保证有货；②可以在顾客需要的时间内送达，即保证送到；③满足顾客的服务要求，即保证服务质量。

与快递相比，物流的优势主要集中在大件货物的运输上，量大货物的运送费用有明显优势。同时，物流可以依托于干线运输，进行网点对网点的直接运输，无须像快递一样进行分拨中转，运输速度也有保障。

二、物流服务的特点

1. 从属性

物流服务从属于货主企业物流系统，流通货物的种类、流通时间、流通方式、提货配送方式都是由货主选择决定，物流企业只是按照货主的需求提供相应的物流服务。

2. 不可储存性

物流服务是属于非物质形态的产品，提供的不是有形的实物，而是一种伴随销售和消费过程同时发生的即时服务，因此不可储存。

3. 移动性和分散性

物流服务以分布广泛、地域不固定的客户为对象，所以，具有移动性和分散性的特点。

4. 需求波动性

由于物流服务是以数量多而又不固定的顾客为对象，服务对象的需求在方式上和数量上是多变的，具有较强的波动性，因此容易造成供需失衡，这也成为物流服务在经营上效率较低、费用较高的重要原因。

5. 差异性

物流服务的构成成分及其质量水平经常变化，很难统一界定。物流企业提供的服务不完全相同，服务质量标准的执行也缺乏有力监管，不易保证服务质量。

6. 可替代性

站在物流活动承担主体的角度看，物流活动产生于货主企业生产经营的物流需求，既可以由货主企业自身采用自营运输、自营保管等自营物流的形式来完成，也可以委托给专业的物流企业来完成。因此，对于专业物流企业来说，不仅有来自行业内部的竞争，也有来自货主企业的竞争。

三、评价、选择物流服务

企业选择物流服务商实际上是一个多目标决策过程，企业在评价物流服务商时需要对其服务水平、作业成本、合作的可靠性等因素进行认真考虑分析。

（一）定性分析方法

企业在进行物流模式的选择时应综合考虑各方面的因素，分析出企业在战略发展、控制能力、专业化水平、物流系统成本、资金回笼率、风险性等各个因素的相对重要性，从而做出适合自己企业的决策方案。

方案1：假如物流对于企业战略发展很关键，企业对客户服务要求高，物流成本占总成本的比重大，对资金回笼率需求高且企业拥有专业的物流管理人才，那么企业应首选自营物流模式。

方案2：假如对企业来说，物流不是影响企业发展的核心因素，企业内部也没有专业的物流管理人才，对资金的回笼率需求不高，则可以考虑选择第三方物流模式。

（二）定性与定量（层次分析法）结合

1. 评价、选择物流服务商

选择物流服务商与企业外包物流的目的、企业物流业务外包的范围、企业物流业务的层次都有密切的关系，选择物流服务商应与这些因素结合起来，以确定物流服务商的标准，对参选企业进行分析，确定最终的物流服务商。企业在选择物流服务商时，应根据企业的实际情况制定出适合于本企业的标准。

2. 评价指标

具体评价指标请参考表2-8。

表2-8 评价指标表

序号	选择标准	指标
1	服务水平	作业速度、作业可靠性、作业差错率、网络覆盖能力、信息传递能力
2	成本	作业成本、交易成本
3	管理能力	企业人员素质、技术研发能力、从业经验
4	协作可靠性	财务能力、企业理念与价值取向、组织文化兼容性、现有客户评价

标准说明：

（1）服务水平：指第三方物流服务商提供运输服务的能力以及能达到的绩效水平。对服务水平的评价指标由作业速度、作业可靠性、作业差错率、网络覆盖能力、信息传递能力五个因素组成。

（2）成本：指第三方物流服务商提供以上服务，企业所需支付的费用。成本由作业成本和交易成本组成。

（3）管理能力：指第三方物流服务商能够有效地管理运输业务，保证运输业务顺利进行的能力。对其评价指标由企业人员素质、技术研发能力、从业经验等因素组成。

（4）协作可靠性：指与第三方物流服务商建立合作关系后，使合作关系顺利进行的能力。对其评价指标由财务能力、企业理念与价值取向、组织文化兼容性、现有客户评价等因素组成。

3. 选择与评价物流服务商的方法——层次分析法

通过两两比较的方式确定层次中诸多因素的相对重要性，然后综合专家的判断以确定决策诸因素相对重要性的总排序。

利用层次分析法求解层次结构问题的基本步骤为：

（1）建立递阶层次结构。首先对问题所涉及的因素进行分类，构造各因素之间相互联结的递阶层次结构模型。

（2）构造两两比较的判断矩阵。

（3）计算单一准则下元素的相对重要性，一般采用方根法进行近似计算。

（4）进行矩阵一致性检验。

（5）计算各层次上元素的组合权重。

（6）评价层次总排序计算结果的一致性。

最后，从中选择综合指标最高的作为企业的第三方物流服务商。

任务评价

考评标准	考评项目	分值/分	组内评价	他组评价	教师评价	实际得分
考评标准	收集整理的内容详细准确	10				
	能完成小组内分配的任务	10				
	小组讨论时积极参与，并能提出合理化建议和意见	15				
	掌握本次任务的目标： 1. 理解不同的物流服务模式内涵及特点 2. 掌握选择物流模式时所需注意的因素 3. 能够根据企业产品特点选择合适的物流	25				
	团队合作	15				
	能单独完成表格填制	15				
	语言表达	10				
	合　计	100				

注：实际得分＝组内评价×30%＋他组评价×30%＋教师评价×40%。

知识拓展

新型物流模式——绿色物流

绿色物流（Environmental Logistics）是指以降低对环境的污染、减少资源消耗为目标，通过充分利用物流资源，采用先进的物流技术，合理规划和实施运输、储存、装卸、搬运、包装、流通加工、配送、信息处理等物流活动，降低物流对环境影响的过程。

绿色物流是以经济学一般原理为基础，建立在可持续发展理论、生态经济学理论、生态伦理学理论、外部成本内部化理论和物流绩效评估的基础上的物流科学发展观。在物流过程中抑制物流对环境造成危害的同时，实现对物流环境的净化，使物流资源得到最充分利用。

绿色物流的内涵包括以下五个方面：

（1）集约资源。这是绿色物流的本质内容，也是物流业发展的主要指导思想之一。通过整合现有资源，优化资源配置，企业可以提高资源利用率，减少资源浪费。

（2）绿色运输。运输过程中的燃油消耗和尾气排放，是物流活动造成环境污染的主要原因之一。因此，要想打造绿色物流，首先要对运输线路进行合理布局与规划，通过缩短运输路线，提高车辆装载率等措施，实现节能减排的目标。另外，还要注重对运输车辆的养护，使用清洁燃料，减少能耗及尾气排放。

（3）绿色仓储。绿色仓储一方面要求仓库选址要合理，以节约运输成本；另一方面，仓库布局要科学，仓库得以充分利用，实现仓储面积利用的最大化，减少仓储成本。

（4）绿色包装。包装是物流活动的一个重要环节，绿色包装可以提高包装材料的回收利用率，有效控制资源消耗，避免环境污染。

（5）废弃物物流。废弃物物流是指在经济活动中失去原有价值的物品，根据实际需要对其进行搜集、分类、加工、包装、搬运、储存等，然后分送到专门处理场所后形成的物品流动活动。废弃物物流有利于提高资源利用率，保护环境，符合可持续发展思想。

项目三

体验电子商务配送中心作业

任务一　走进电子商务配送中心

 任务目标

1. 了解配送中心的主要功能；
2. 熟悉配送中心区域布局；
3. 了解配送中心的作业内容和作业流程。

 任务描述

2022年5月，商老师带领浙江省湖州市某职业学校物流专业学生进行了一次企业调研活动。他们选择了2019年入驻湖州的电子商务物流企业——唯品会（湖州）电子商务有限公司（以下简称"唯品会华东运营中心"）。本次调研的主要目的是近距离走进并了解电子商务配送中心的物流作业系统及作业流程。

参照唯品会华东运营中心的调研案例。

小知识

广州唯品会信息科技有限公司（VIPS）成立于2008年8月，总部设在广东省广州市，旗下网站于同年12月8日上线，在中国开创了"名牌折扣＋限时抢购＋正品保障"的创新电商模式。唯品会华东运营中心选址在浙江省湖州市，这也是其在全国的5个运营中心之一，功能辐射整个华东区域。湖州作为沪、杭、宁三大城市的共同腹地，连接长三角南北两翼和东中部地区的区位优势非常明显，具有资源、产业、政策和生态环境等方面的综合优势。唯品会华东运营中心将打造华东首屈一指的智能仓储分拨中心，通过唯品会的智慧物流，把全球的精选好货送到千家万户。

任务实施

步骤一：做好调研准备，完成调研方案。

本次调研的总目标是了解电子商务配送中心的特点、业务流程和物流作业系统。在总目标的指导下，全班同学明确各自的调研目的，各小组成员再分工不同的子目标，从而实现总的调研目标。各小组同学根据调研目的选择合适的配送中心作为本次调研活动的对象（不仅包括选择哪家企业，还包括选择企业中哪些层面的员工）。唯品会华东运营中心属于电子商务企业自建物流模式，同时，任课教师也可选择为电子商务企业提供物流服务的第三方物流企业，将其配送中心作为调研对象。虽然两者有一定的差异，但是都能体现出电子商务物流配送中心的主要作业功能。

此外，任课教师还应选择合适的调研方法，约好调研的具体时间。各调研小组按照唯品会的范例，完成表3-1调研方案的填写。配送中心的选择可以是学校的合作企业或者任课教师指定的企业。

表3-1　调研方案

调研对象	唯品会华东运营中心（范例参考）	配送中心调研方案
调研目的	了解唯品会华东运营中心的特点、业务流程和物流作业系统	
调研时间	2022年3月12日	
调研方式	实地观察法、访谈法	
调研人员	配送中心负责人和现场一线人员	

> **小知识**
>
> 企业调研常用的调研方式有问卷调查法、访谈法、实地观察法、文献资料分析法等，可以根据调研目的、内容和调研对象等因素选择调研方法。问卷调查法，即通过对企业的相关人员发放调查问卷了解企业相关情况的方法，此种方法需事先准备问卷；访谈法，即通过座谈会、上门走访、现场访谈、电话访谈等，与企业相关人员直接交谈从而收集信息的方法；实地观察法，即到企业实地观察了解企业的相关情况的方法；文献资料分析法，即充分利用网络资源、图书馆文献和当地行业协会、政府相关职能部门的帮助，以查阅和归纳的方式选取已存在的各种文献资料和行业数据。当然，这几种调研方法也可以搭配使用。

步骤二：走进电子商务配送中心——实施企业调研。

根据设计的调研方案，各组同学可在任课教师的带领下去电子商务配送中心进行一次企业调研，可以参照表3-2。要求及时记录访谈内容，在企业允许的情况下拍摄调研图片，完成表3-3。

表 3-2　唯品会企业调研实践

	调研情景	调研记录
1	现场观察	唯品会华东运营中心的基本情况：唯品会华东运营中心总部位于浙江省湖州市吴兴区，总面积达 1 500 亩，主要面向华东地区打造 24 小时物流配送经济圈
2	访谈企业相关人员	唯品会华东运营中心的作业流程：主要包含收货、IQC、上架、分单、拣货、导件、播种上下架、包装、TMS 交接等环节
3	赴快递协会收集资料	唯品会华东运营中心的配送模式：采取全程快递企业完成的模式，基本上由顺丰来完成

表 3-3　_____配送中心调研实践

	调研情景	调研记录
1		
2		
3		
…		

步骤三：认识配送中心区域。

每组成员学习配送中心各区域的工作任务，汇总记录并进行讨论，进行区域认知活动，依次沿着配送中心或者学校配送中心实训室的通道，边认知边说明区域名称与功能，如图3-1所示。

图 3-1　解说区域名称与功能

注意事项：在操作过程中，注意各组之间和组员之间的顺序，排队依次进行，以免秩序混乱。

步骤四： 分小组按照调研内容的要求，完成企业调研报告。

教师介绍调研报告的写作要点，学生以小组为单位进行讨论，并完成汇报 PPT 的制作并展示，调研报告见表 3-4。

表 3-4 ＿＿＿＿＿＿配送中心调研报告

＿＿＿＿＿＿配送中心调研报告
1. 调研目标
2. 调研日期
3. 调研对象
4. 调研形式
5. 调研内容
（1）电子商务配送中心：
（2）配送中心作业系统构成：
（3）配送中心的主要任务：
（4）配送中心的基本作业流程和环节：
6. 调研结果及分析

注：如不能安排当地现场调研，请根据文中对唯品会华东运营中心的介绍来填写。

知识链接

一、电子商务配送中心的概念及功能

电子商务配送中心是指在电子商务环境下，从事配送业务的物流场所或组织，主要为特定的用户服务。其配送功能齐全，辐射范围小，主要以配送为主、存储为辅，适合多种、小批量货物的运作。

配送中心的功能主要包括：①备货功能，即配送中心根据客户的需要，为配送业务的顺利进行所从事的组织货源的活动。②存储功能，即配送中心利用现代化的仓储设施，以储存一定数量的商品，形成对配送的资源保证。③组配功能，即配送中心按用户的要求对商品进行分拣和组配。④分拣功能，即配送中心依据客户的订货要求或者配送中心的送货计划，迅速、准确地将商品从其储位或其他区域拣取出来，并按照一定的方式进行分类、集中，等待配装送货的作业过程。⑤集散功能，即配送中心利用物理管理系统，将分散在各个企业的产品集中起来,再通过分拣、配货、配装等环节向多家用户进行发送。⑥衔接功能,即配送中心把各种生产资料和生活资料直接送到用户手中,起到衔接生产和消费的作用。⑦流通加工功能,即配送中心按照客户的要求进行配送加工,以便提高物理效率和顾客满意度。⑧信息处理功能,即配送中心通过高效的信息处理和传递系统来提升配送效率。

二、电子商务配送中心区域布局

配送中心区域布局规划,根据配送货品类型的不同以及周转率的不同而有所差异。根据配送中心出入月台的不同,货品集货配货的动线也不一样。一般来说,配送中心区域大致可以分为进货月台、进货暂存区、托盘货架区、拆零区、流通加工区、分货区、集货区、出货暂存区、出货月台、返品处理区、办公区等,如图3-2所示。

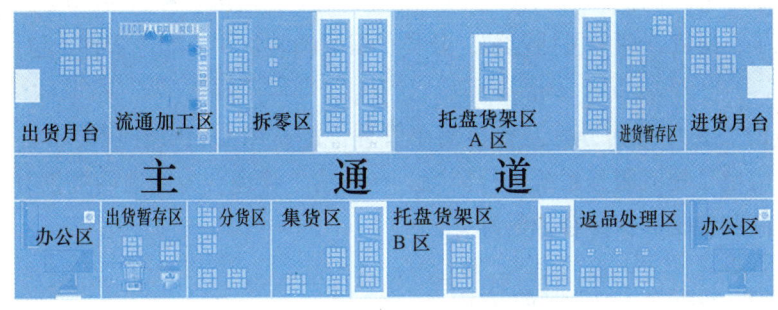

图3-2 配送中心区域划分

(1)进货月台:负责卸货、清点、检验、分类等作业,常设于存储区外围,内侧紧靠进货暂存区。

(2)进货暂存区:验收好的货品不能立即进入存储区的可以在该区域暂存,或者不需要存储直接出库的货品也可以存放在进货暂存区。货品在此存储时间较短,且货品处于流动状态,故该区域面积不需要太大。

(3)托盘货架区:该区域是存储区,根据需要可以分为拣货区和保管区,作业包括整仓、补货、拣货等。货品在此区域停留时间较长,在存储型配送中心此区域所占面积最大,可以占到配送中心总面积的50%以上。

(4)拆零区:负责满足客户多品种、少批次的配送需求。一般使用轻型货架或流动货架。

(5)流通加工区:负责对货品进行分装、组合包装、贴标签等流通加工作业。

(6)分货区:负责批量拣出货品,在该区域按照车辆、门店等不同的需求进行分货。位置需紧靠集货区,而且应与集货区顺向布局。

(7)集货区:负责将分好的同一车辆、门店的不同货品集中起来。

(8)出货暂存区:负责将配好的货品在此区域短暂停留,等待车辆的调度和安排。此区域的面积不用很大,紧靠出货月台布局即可。

(9)出货月台:负责完成货品装车前的核对清点,无误后装车发货。

(10)返品处理区:负责对返回货品进行处理,返品包括差异货品、退货和调换货品等。

返品经过处理后，其中良品会进入存储区。因此，此区域不能离存储区太远。

（11）办公区：负责处理营运事务，是指挥管理作业的区域。可集中在某区域，也可以根据职能分散设置。

三、电子商务配送中心作业内容

在电子商务环境下，消费者通过上网购物，完成商品所有权的交割过程，即商流过程，但是电子商务的活动并未结束，只有商品和服务真正转移到消费者手中，电子商务活动才告完成。配送中心作业针对网上采购和销售等作业完成仓储作业，是电子商务物流作业系统中最重要的部分，也是商流最终得以实现的物流保证。

配送中心是实现整个电子商务物流的重要作业节点。具体来说，电子商务配送中心作业主要包括：订货管理、库存管理、采购管理、进货管理（包括进货和进货验收）、仓储管理（包括保存和分拣）、出货管理（包括包装、分类、组配和装货）、配送管理（包括运输和交货）等作业环节。

配送中心的主要任务为分拣及存货清单管理。配送中心负责存货清单管理以及存货的补给工作，并由电子物流服务系统进行监测。存货清单管理会为制造商提供有效的库存管理信息、使制造商和经销商保持合理的库存。

四、电子商务配送中心作业流程

一般来说，电子商务配送中心的作业流程如下（见图3-3）：

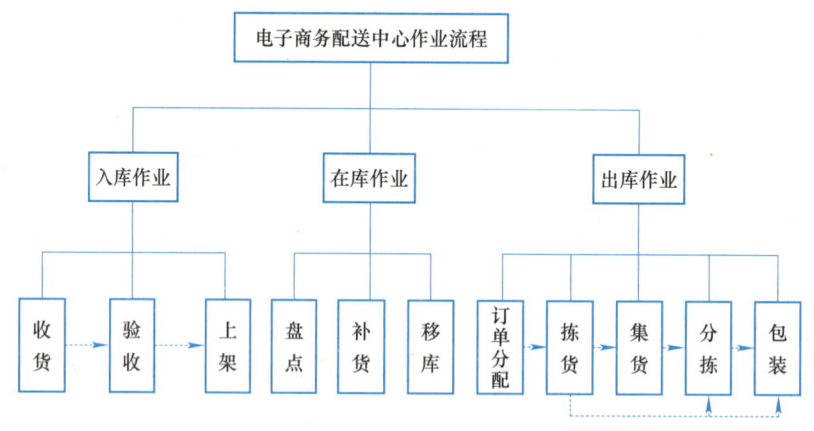

图3-3　电子商务配送中心作业流程

入库作业是仓储作业的第一道流程，是做好商品储存的基础，分为收货、验收和上架三个环节。收货主要是对预约送到的货物进行箱数清点、检查，合格的货物收进仓库，不合格的货物进行拒收并反馈给供应商；验收主要是将收货完成的货物进行扫描、质检，合格的商品进行入库，不合格的商品进行退货；上架是将验收完成的商品逐一上到货架上。

在库作业主要包括盘点作业、补货作业、移库作业等环节，目的是对在库商品进行合理的保存和经济的管理。

出库作业是仓储作业的后端，主要职能是发货，包括订单分配、拣货、集货、分拣和包装环节。拣货的主要职责是依据系统提示，到仓库相应的库位拣选客户订单上的商品；集货的主要职责是将完成拣货的同一批次订单的商品集中在一起；分拣的主要职责是对完成拣货的同一批次的商品以订单为单位进行拣选、分类；包装的主要职责是进行商品的检验、扫描及包装。

任务评价

	考评项目	分值/分	组内评价	他组评价	教师评价	实际得分
考评标准	调研方案设计详细完整	10				
	调研实施完整及记录翔实	20				
	配送中心区域布局描述清楚	20				
	配送中心调研报告详细完整	20				
	语言表达	15				
	团队合作	15				
	合　计	100				

注：实际得分＝组内评价×30%＋他组评价×30%＋教师评价×40%。

知识拓展

电子商务物流配送

电子商务物流配送是指物流配送企业采用网络化的计算机技术和现代化的硬件设备、软件系统及先进的管理手段，针对客户的需求，根据用户的订货要求，进行一系列分类、编码、整理、配货等理货工作，按照约定的时间和地点将确定数量和规格要求的商品传递到用户手中的活动及过程。这种新型的物流配送模式带来了流通领域的巨大变革，越来越多的企业开始积极搭乘电子商务快车，采用电子商务物流配送模式。

任务二　体验货物包装

任务目标

1．了解各种包装材料的特点及其应用；
2．选择合适的包装容器；
3．采用恰当的方法进行包装。

任务描述

每年的6月是杨梅上市的季节,也是果农丰收的季节。每年的这个时候,北方人总是盼望吃到南方新鲜的杨梅,但是杨梅从枝头采摘到分选、仓储、运输、配送,直到真正送到食客的手上基本需要8天左右的时间。由于杨梅没有外果皮,所以本身极易腐烂和碰伤,这使杨梅的销售范围非常受限。现在电子商务发展如火如荼,顺丰优选、果鲜多等电子商务平台推出了生鲜物流业务,杨梅的销售能否在电子商务这条路上找到商机,实现从枝头到舌尖的新鲜?如何实现产地直采,次日送达?最关键的就是要突破包装的瓶颈。

怎样的包装才能保证杨梅在运输过程中不受损呢?请你帮果农们选择一种合适的包装,体验货物的包装过程。

小知识

据悉,我国生鲜农产品在采摘后因无法在第一时间预冷、分级、包装、标准化,导致我国农产品损耗远高于发达国家平均损耗率。数据显示,我国生鲜农产品在"最先一公里"的损耗率高达15%~25%。

 任务实施

步骤一:选择包装材料。

参照相关知识,进行小组讨论,并完成表3-5。

表3-5 比较包装材料

序 号	材 料	优 点	缺 点	最终选定
1	塑料	柔软性好,密封性强,防污染,防虫害		_____作为杨梅包装最为合适 理由:_____ _____
2	纸		难封口,容易受潮	
3	木材	牢固		
4	金属		成本高,易被腐蚀	
5	其他			

步骤二:选择包装容器。

常见的包装杨梅的容器如图3-4所示。

小组讨论,比较一下三种包装的特点,选择最适合杨梅存储运输的包装容器,并说明理由。

一般的杨梅包装是塑料篮子或者塑料盘加保鲜膜，但这很难保证杨梅在运输中不受损，因此可以选择一些有固定形状的塑料容器。请各小组讨论并设计方便杨梅储运的固定形状的包装模具，以保证在快速的电子商务物流环节中使损耗率降至最低。

 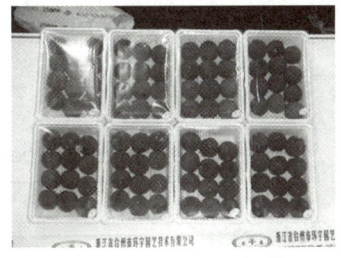 

图 3-4　常见的杨梅包装容器

步骤三：体验包装作业。

小组根据选择的包装容器，参考表 3-6，尝试进行杨梅的物流包装作业。

表 3-6　杨梅包装步骤

序　号	步骤图示	说　明
1		分级、挑选，装入固定塑料包装
2		使用设备进行真空包装
3		把真空包装好的杨梅放入泡沫箱
4		把保鲜冰袋放入泡沫箱
5		将泡沫箱装入纸箱，准备储运

各小组在实践过程中总结包装方法,完成表 3-7。

表 3-7 包装方法

序 号	要 素	方 法
1	保护	
2	固定	
3	保鲜	真空包装;在运输包装内还应加入冰袋;冷链物流服务等
4	堆码	

步骤四:创新物流包装作业。

当前在网上购物时,类似杨梅这样不便储运的货物还有很多,请大家选择一例进行讨论,并设计合理的包装方法,可选择红酒、厨用刀具等,如图 3-5 所示。

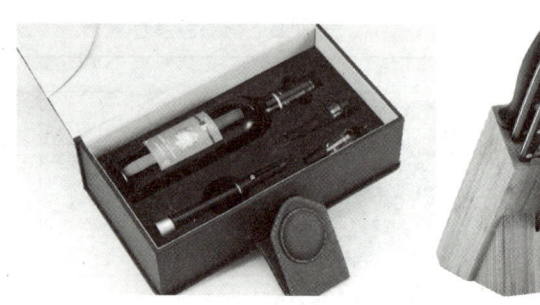

图 3-5 红酒与厨用刀具

 知识链接

一、商品包装的概念

商品包装是根据商品的特性,使用适宜的包装材料或包装容器,将商品包封或盛装,以达到保护商品、方便储运、促进销售的目的。电子商务物流中的商品包装主要目的是方便商品储运。

二、包装材料

包装材料是指用于制造包装容器和构成包装的材料的总称,是包装的物质基础。选择包装材料要考虑八大要素:质优、体轻、面广、合理、节约、无害、无毒、无污染。

包装的材料很多,常用的有塑料、纸和纸板、木材、金属、玻璃、纤维材料以及其他材料。常见包装材料的特点及其应用见表 3-8。

表 3-8 常见的包装材料及其应用

序号	包装材料	特点	应用
1	塑料	优点：物理性能、化学性能、光学性能好，质轻、易着色、可印刷、成本低 缺点：难于降解，造成环境污染	应用于包装容器，可制成各种箱、桶、瓶、筐、袋等形式
2	纸和纸板	优点：适宜的强度、耐冲击性和耐摩擦性，密封性好，优良的成型性和折叠性，最佳的可印刷性，价格低，质量轻，可回收复用和再生 缺点：难以封口、受潮后硬度下降，气密性、防潮性、透明性差	纸质的包装容器有纸板箱、纸盒、纸袋、纸筒、纸杯以及纸浆模制包装等
3	木材	优点：强度高、坚固耐压、加工方便、化学和物理性能稳定、不污染环境 缺点：易潮、易变形开裂、易腐朽、易含蛀虫、资源有限、价格较高	木材的包装容器有木箱、木桶、木匣、木轴和木夹板、木楔、垫木、衬木、胶合板箱、花格木箱等
4	金属	优点：机械强度高，牢固结实，耐碰撞，不破碎，密封性能良好，阻隔性好，不透气，防潮，耐光，具有良好的延伸性，金属表面有光泽，易于回收再利用，不污染环境 缺点：成本高、能耗大、化学稳定性能差、流通过程中易变形等	包装用的金属材料主要有板材、线材和角铁三种
5	黏结剂和涂料	对保护内装产品、美化装饰商品包装、提高商品价值和一些特殊需求等都起着重要作用	包装常用的黏结剂主要有天然黏结剂、无机黏结剂和橡胶黏结剂等 常用的包装涂料有酚醛树脂涂料、酚酸树脂涂料、氨基树脂涂料、环氧树脂涂料和丙烯酸树脂涂料等

三、常用的包装容器

包装容器是包装材料和造型相结合的产物，包括包装袋、包装盒、包装瓶、包装罐和包装箱等。列入现代物流包装行列的包装箱主要有瓦楞纸箱、木箱、托盘集合包装、集装箱和塑料周转箱。它们在满足商品运输包装功能方面各具特点，必须根据实际需要合理地加以选择和使用。

1. 瓦楞纸箱

瓦楞纸箱是采用具有空心结构的瓦楞纸板，经过成型工序制成的包装容器，如图 3-6 所示。瓦楞纸箱采用包括单瓦楞、双瓦楞、三瓦楞等在内的各种类型的纸板做包装材料，大型纸箱装载货物的重量可达 3 000kg。

 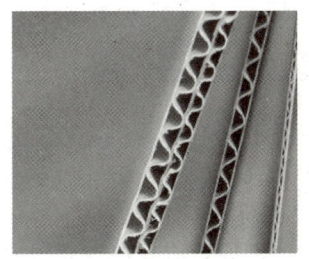

图 3-6 单瓦楞（左）和双瓦楞（右）纸板

瓦楞纸箱的应用范围非常广泛，几乎包括所有的日用消费品，比如水果、蔬菜、加工食品、针织品、玻璃陶瓷、医用药品等，以及自行车、家用电器、精美家具等。

2. 木箱

木箱是一种传统的包装容器，如图3-7所示。常见的木箱有木板箱、框板箱和框架箱三种。木板箱一般用于小型运输包装容器，能装载多种性质不同的物品，有较高的耐压强度，但箱体较重，防水性较差；框板箱是由条木与人造材板制成的箱框板，再经钉合装配而成；框架箱是由一定截面的木条构成箱体的骨架，再根据需要在骨架外面加上木板覆盖而成。

图3-7　木板箱（左）、框板箱（中）和框架箱（右）

3. 托盘集合包装

托盘集合包装是把若干件货物集中在一起，堆叠在运载托盘上，构成一件大型货物的包装形式，如图3-8所示。托盘集合包装既是包装方法，又是运输工具，也是包装容器。从小包装单位的集合来看，它是一种包装方法；但从适合运输的状态来看，它又是一种运输工具；从它对货物所起的保护功能来看，它也是一种包装容器。

4. 集装箱

集装箱是密封性较好的大型包装箱，如图3-9所示。使用集装箱可实现最先进的运输方式，即"门到门"运输。集装箱属于大型集合包装，具有既是运输工具、又是包装方法和包装容器的特点。在适应现代化物流方面，它比托盘集合包装更具有优越性。

图3-8　托盘集合包装　　　　图3-9　集装箱

5. 塑料周转箱

塑料周转箱是一种适于短途运输、可以长期重复使用的运输包装器具，如图3-10所示。同时，它也是一种敞开式的、不需要捆扎、用户也不必开包的运输包装。所有与厂家直销挂钩、快进快出的商品都可采用塑料周转箱作为运输包装器具，如饮料、肉食、豆制品、牛奶、糕点、禽蛋等食品。

图 3-10　封闭式（左）和开放式（右）塑料周转箱

四、包装的方法

包装的方法也称包装技法，指包装操作时所采用的技术或方法。采用各种包装技术或方法的目的就是针对性地合理保护不同特性商品的质量。常见的包装方法如下。

1. 泡罩包装

泡罩包装是将产品封合在透明塑料薄片形成的泡罩与底板（用纸板、塑料薄膜或薄片、铝箔或其复合材料制成）之间的一种包装方法。泡罩包装最初主要用于药品包装，现在除了药品片剂、胶囊栓剂等医药产品的包装外，泡罩包装还广泛应用于食品、化妆品、玩具、礼品、工具和机电零配件的销售包装中。

2. 贴体包装

贴体包装就是把透明的塑料薄膜加热到软化程度，然后覆盖在衬有纸板的商品上，从下面抽至真空，使加热软化的塑料薄膜按商品的形状黏附在商品表面，同时也黏附在承载商品的纸板上，冷却成型后成为一种新颖的包装物体。

3. 真空包装

真空包装也称减压包装，是将包装容器内的空气全部抽出并密封，维持袋内处于高度减压状态，空气稀少得相当于低氧状态，使微生物没有生存条件，以达到食物新鲜、无病腐发生。目前应用的真空包装有塑料袋内真空包装、铝箔包装、玻璃器皿、塑料及其复合材料包装等。可根据物品种类选择包装材料。由于果品属鲜活食品，尚在进行呼吸作用，高度缺氧会造成生理病害，因此，果品类使用真空包装的较少。

4. 充气包装

充气包装是在真空包装的基础上发展起来的，它是将商品装入气密性包装容器，用二氧化碳等气体置换容器中原有的空气的一种包装方法。它主要用于食品包装，根据气体的理化特性，作为食品包装防腐保鲜的介质，能够抑制细菌、微生物、真菌的生长和繁衍，减缓食品氧化作用和呼吸作用，减慢或避免食品变质，还可以防止金属包装容器由于罐内外压力不等而发生的瘪罐问题。另外，充气包装还可用于日用工业品的防锈和防霉。

5. 收缩包装

收缩包装就是用收缩薄膜裹包物品（或内包装件），然后对薄膜进行适当的加热处理，使薄膜收缩而紧贴于物品（或内包装件）的包装方法。收缩薄膜是一种经过特殊拉伸和冷却处理的聚乙烯薄膜，由于薄膜在定向拉伸时产生残余收缩应力，这种应力受到一定热量后便会消除，从而使其横向和纵向均发生急剧收缩，同时使薄膜的厚度增加，收缩率通常为30%～70%，收缩力在冷却阶段达到最大值，并能长期保持。它适用于食品、日用工业品和纺织品的包装，不仅适用于销售包装，也适用于运输包装，既可用于单件包装，也可用于多件商品的托盘集合包装，特别适用于形态不规则商品的包装。

6. 无菌包装

无菌包装是先将食品、包装容器、包装辅助物灭菌后，在无菌的环境中进行充填和封合的一种包装方法。与罐头包装相比，无菌包装的特点是：采用超高温杀菌，一般加热时间仅几秒又立即冷却，所以能较好地保存食品原有的营养素、色、香、味和组织状态。杀菌所需热能比罐头少25%～50%；因冷却以后包装，可以使用不耐热、不耐压的容器，如塑料瓶、纸盒等，既降低成本，又便于消费者开启。无菌包装适用于液体食品包装。

7. 缓冲包装

缓冲包装又称防震包装，在各种包装方法中占有重要的地位。产品从生产出来到开始使用要经过一系列的运输、保管、堆码和装卸过程，并置于一定的环境之中。在任何环境中都会有力作用在产品之上，并使产品发生机械性损坏。为了防止产品遭受损坏，就要设法减小外力的影响。缓冲包装就是一种为了减缓内装物受到冲击和振动，保护其免受损坏所采取的一定防护措施的包装。

任务评价

考评标准	考评项目	分值/分	组内评价	他组评价	教师评价	实际得分
考评标准	选择合适的包装材料	10				
	选择正确的包装容器	10				
	完成包装作业	30				
	创新包装作业方案	20				
	语言表达	15				
	团队合作	15				
	合　　计	100				

注：实际得分＝组内评价×30%+他组评价×30%+教师评价×40%。

知识拓展

鸡蛋的包装

鸡蛋是人们日常生活中必不可少的食物，现在很多人开始利用电子商务平台购买鸡蛋，而鸡蛋蛋壳较脆，不便储运。那么什么包装适合鸡蛋，适合电子商务物流呢？人们在分析鸡蛋蛋壳的特点后，设计出了"蛋盒包装"，如图3-11所示。

蛋盒包装使用再生纸浆制作，它的结构和鸡蛋有着完美的结合，层层罗列，丝毫不占用多余的空间。材料再生纸浆极具质感，有一定的韧性和柔性，能有效地减少对蛋壳的冲击，很好地发挥了其保护功能；加之再生纸浆可再回收利用，使得这种包装选材极具环保意义。所以，这么多年来再生纸浆作为鸡蛋包装材料的地位从未动摇过。

图3-11　常见的蛋盒包装

任务三　体验装卸搬运

任务目标

1．会选择合适的装卸搬运设备；
2．认识装卸搬运货物外包装上的主要标志；
3．体验配送中心装车搬运、卸车搬运的基本流程。

任务描述

大部分网购消费者都有过这样的不愉快的购物经历：收到的快递物品出现了不同程度的损坏。这些损坏的快递物品有的可能是被挤压所致，有的可能是被磕碰所致，还有的快递包装袋子上有踩踏痕迹。这些情况出现时，如果职责不在卖家身上，大部分买家都会默认。因此，网络上出现了一个流行词——"野蛮装卸"，即不负责任地对货物任意抛、掷、拖、掼、装载；卸货时，乱

丢乱放，一卸了之。下面有两个配送中心的任务，请同学们体会如何正确地装卸搬运货物，避免"野蛮装卸"。

任务一：2022年2月13日，湖州配送中心接到北京货运中心发送过来的到站预报信息。信息表明，2月14日早5:00将有一辆车牌为京N23×××的班车（北京—宁波）经停湖州配送中心，该车上将有4票货物需要卸载，其中1票货物自提，其余货物需要配送，自提货物为面包机，具体货物信息见表3-9。请完成入库卸车的相关工作。

任务二：2022年4月3日上午，湖州配送中心仓管人员依据取（派）通知单（见表3-10），做好出站准备，装卸人员完成货物装车工作，准备送货。

表 3-9 到货通知单

日期：2022 年 2 月 14 日

始发站：北京		目的站：湖州		
货品名称	相机包	蓝牙耳机	蜜饯礼盒	面包机
包装规格 /m	0.345×0.345×0.24	0.285×0.38×0.27	0.32×0.48×0.20	0.32×0.57×0.22
单位	箱	箱	箱	箱
体积 /m³	0.057	0.117	0.061	0.715
重量 /kg	2.46	20	12	105
数量	2	4	3	21
运单号	1000020220201	2000020220202	3000020220203	4000020220204

表 3-10 取（派）通知单

单号		TD0011169		操作站		hz	
车辆信息		车牌	浙 E14×××	车型		东风	
		司机	王冉	预计发车时间		2022/3/22 9:21:00	
数量		11 件	总重量	47kg		总体积	0.3m³
客户信息							
订单/运单号	序号	客户	地址		电话	姓名	收款
1000021021013	1	湖州乐购集团	湖州吴兴区××××		1355726×××	刘健	否
1000021620013	2	湖州天虹	湖州吴兴区××××		1378293×××	张琦	否
1000031072001	3	湖州浙北大厦	湖州吴兴区××××		1336824×××	陈立新	否
货品信息							
订单/运单号		货品名称	数量/件		重量/kg	体积/m³	备注
1000021021013		洗衣粉	6		15	0.24	
1000021620013		饼干	3		20	0.085	
1000031072001		加湿器	2		12	0.059	
制单人			制单时间			司机签字	

任务实施

步骤一：选择装卸搬运工具。

请各组同学根据图示填写对应的装卸搬运工具的名称，完成表 3-11。

表 3-11 装卸搬运工具

序 号	常见的装卸搬运工具	名 称
1		
2	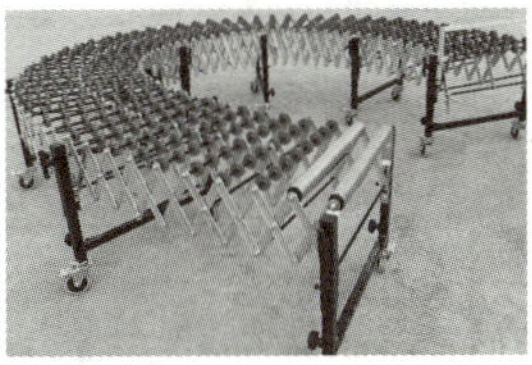	
3		
4		
5		

根据任务描述,依据货物属性和收发月台情况来选择合适的装卸搬运工具,完成表 3-12。

表 3-12 选择合适的装卸搬运工具

任 务	收发月台	选择装卸搬运工具	原 因
任务一	有		
	无		
任务二	有		
	无		

步骤二：认识包装运输标志。

各组同学仔细观察任务中货物外包装上的包装运输标志，判断其所代表的意思，尝试判断表 3-13 中常见的包装运输标志对装卸搬运的要求，并填写清楚。

表 3-13 常见的包装运输标志

图　示	释　义	图　示	释　义
 易碎物品		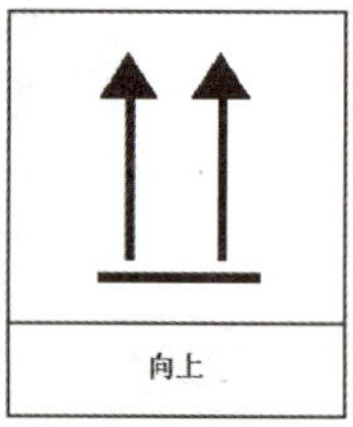 向上	
 怕雨		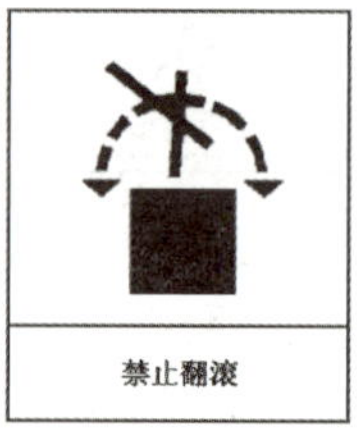 禁止翻滚	
 此面禁用手推车		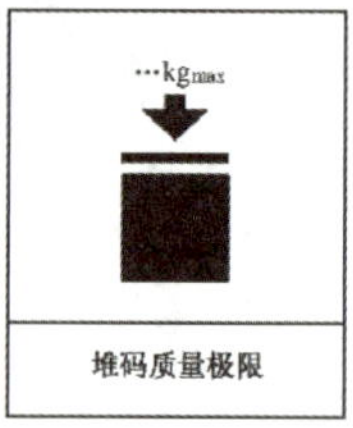 堆码质量极限	

步骤三：体验卸车搬运。

各组同学根据任务一的要求，完成到站货物的交接，参考表 3-14，体验卸车搬运的过程。

表 3-14 体验卸车搬运

序　号	操作图示	操作说明
1		司机将货物运输交接单交给现场操作员
2		现场操作员凭货物运输交接单检查车辆封签并拆解

（续）

序号	操作图示	操作说明
3		现场操作员打开车厢门
4		现场操作员在车厢中筛选出到达湖州配送中心的4票运单的全部货物
5		按照操作规范执行货物卸载作业，并检查货物的完好性
6		货物卸载后，现场操作员凭货物运输交接单核对运单、货物标签（条码），清点货物件数，检查货物包装状态，主要看看外包装是否存在污损、破损、未封箱等情况
7		经检查没有任何异常情况后，现场操作员在货物运输交接单上填写到站时间并签字确认

注意事项：卸货时，徒手每次只能搬运一件货物，轻拿轻放，不能有暴力操作。4票货物中，有1票货物是自提的，由客户自行到配送中心提货，可以用手动液压托盘车或者叉车将整托盘货物卸下，放置在自提货物暂存区。

步骤四：体验装车搬运。

各组同学根据任务二的要求，做好出站准备，参考表3-15，体验装车搬运的过程，进而完成取派出站的任务。

表 3-15 体验装车搬运

序号	操作图示	操作说明
1		现场操作员对货物进行清点后,由装卸搬运人员对货物进行装车
2		装卸搬运人员按照"先送后装"的顺序,遵照"重不压轻""大不压小"的原则进行装车

注意事项：装车时注意货物属性，整托货物可以借助手动液压托盘车、堆高车和叉车等设备，零散货物可以利用传送带。操作设备时必须注意安全，规范操作。

知识链接

一、装卸搬运

装卸搬运是指在一定区域范围内，如工厂范围、仓库内部等，以改变"物"的存放状态和位置为主要内容的活动。具体而言，装卸主要指垂直方向改变"物"的存放状态和位置，搬运主要指水平方向改变"物"的存放状态和位置。

装卸搬运作业的基本活动包括装车、卸车、堆垛、入库、出库以及联结上述各项动作的短程输送，是随运输和保管等活动而产生的必要活动。在物流过程中，装卸搬运作业是不断出现和反复进行的，它出现的频率高于其他各项物流活动，每次装卸搬运活动都要花费很长时间，所以装卸搬运作业往往成为决定物流速度的关键。

二、装卸搬运工具

装卸搬运一般会用到的工具有叉车、手动液压托盘搬运车、手推车、传送带、无动力轨道伸缩输送机等，如图 3-12 所示。装卸货物时，徒手一次只能搬运一件货物，不能有丢、摔、扔等暴力操作行为。如果运输车辆与月台之间有一定的落差，为了作业安全与方便，可以采用可移动式楔块、升降平台、车尾附升降台、吊钩等工具。

项目三 体验电子商务配送中心作业

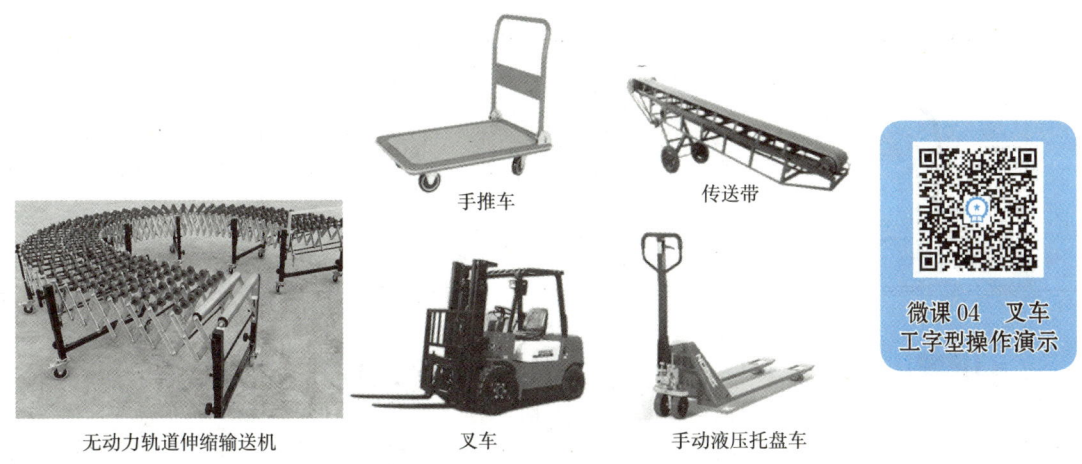

图 3-12 常用的装卸搬运工具

三、常见的装卸搬运标志

装卸搬运时要依据货物外包装上的装卸搬运标志进行操作，主要依据国家标准《包装储运图示标志》（GB/T 191—2008）。常见的包装储运标志见表 3-16。

表 3-16 常见包装储运标志

标　志	含　义	标　志	含　义
易碎物品	表明运输包装件内装易碎物品，搬运时应小心轻放	禁用手钩	表明搬运包装件时禁用手钩
向上	表明该运输包装件在运输时应竖直向上	怕晒	表明该运输包装件不能直接照晒
怕辐射	表明该物品一旦受辐射会变质或损坏	怕雨	表明该运输包装件怕雨淋
重心	表明该运输包装件的重心位置，便于起吊	禁止翻滚	表明搬运时不能翻滚该运输包装件

61

（续）

标　志	含　义	标　志	含　义
 此面禁用手推车	表明搬运货物时此面禁止放在手推车上	 禁用叉车	表明不能用升降叉车搬运的包装件
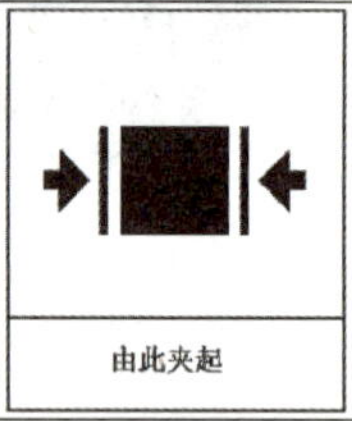 由此夹起	表明搬运货物时可用夹持的面	 此处不能卡夹	表明搬运货物时不能用夹持的面
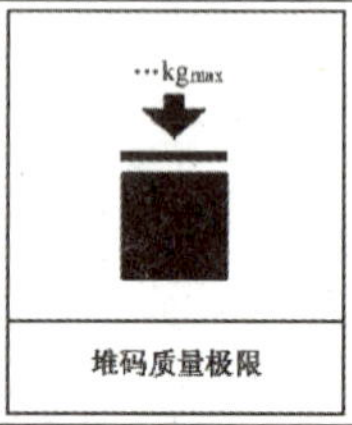 堆码质量极限	表明该运输包装件所能承受的最大质量极限	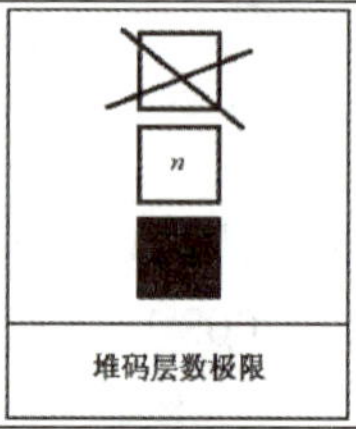 堆码层数极限	表明可堆码相同运输包装件的最大层数
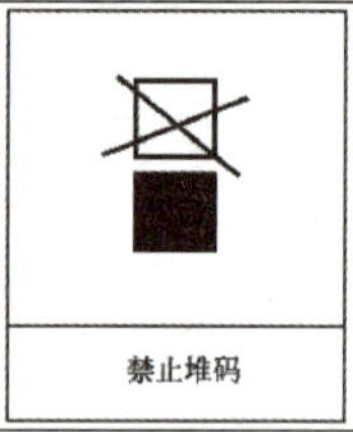 禁止堆码	表明该包装件只能单层放置	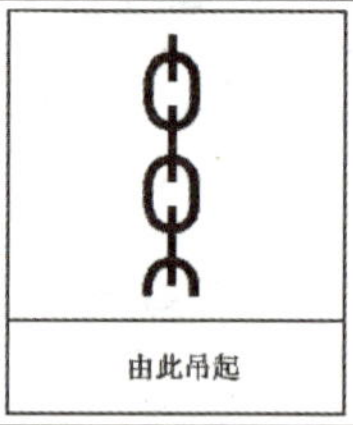 由此吊起	表明起吊货物时挂绳索的位置
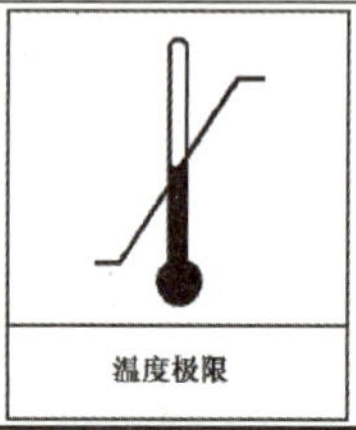 温度极限	表明该运输包装件应该保持的温度范围		

1. 装卸搬运的原则

装卸搬运作业在操作过程中需遵循一定的原则，以确保装卸搬运作业能够高效进行，具体见表3-17。

表3-17　装卸搬运原则

序　号	作业原则	说　明
1	有效作业原则	尽量减少和避免不必要的装卸搬运，只做有用功，不做无用功
2	集中作业原则	以利于装卸搬运设备的配置及使用,提高机械化作业水平,以及合理组织作业流程,提高作业效率
3	简化流程原则	简化装卸搬运流程包括两个方面：一是尽量实现作业流程在时间和空间上的连续性；二是尽量提高货物放置的活载程度
4	安全作业原则	作业过程中需确保工作人员及货物的安全
5	系统优化原则	针对货物特性进行系统优化

2. 装卸搬运的特点

（1）装卸搬运作业是附属性、伴生性的活动。搬运作业是配送中心每一项活动开始及结束时发生的活动，因而时常被忽视，有时也被看作是其他作业的组成部分。例如，一般所说的汽车运输实际包含了相伴的装卸搬运，仓库中泛指的保管活动也含有搬运活动。

（2）装卸搬运作业是支持性、保障性的活动。搬运作业的附属性不能理解成被动的。实际上，搬运作业对其他作业活动有一定的决定性。搬运作业会影响其他作业活动的质量和速度。

（3）装卸搬运作业是衔接性的活动。任何其他作业活动之间相互过渡时都以搬运来衔接，因而搬运作业往往会成为整个物流系统的纽带，是物流配送中心各功能之间能否形成一个有机整体的关键所在。

四、装车堆积

在明确了客户的配送顺序后，接着就是车辆积载的问题。为了提高配送效率、降低配送成本和减少货损货差，装车堆积应遵循如下原则：

（1）装车顺序：先送后装。

（2）轻重搭配：重不压轻。

（3）大小搭配：大不压小。

（4）货物性质搭配。

（5）到达同一地点的适合配载的货物应尽可能一次积载。

（6）确定合理的堆码层次与方法。

（7）积载时不允许超过车辆所允许的最大载重量。

（8）积载时车厢内货物重量应分布均匀。

（9）应防止车厢内货物相互碰撞、相互玷污。

装车堆积是指在实际装车时，为充分利用车厢载重量和容积而采用的方法。一般是根据所配送货物的性质和包装来确定堆积的行、列、层数及码放的方式。

堆积的方式包括行列式堆码方式和直立式堆码方式，如图 3-13 所示。

行列式堆码方式

直立式堆码方式

图 3-13　装车堆积的方式

任务评价

考评标准	考评项目	分值/分	组内评价	他组评价	教师评价	实际得分
考评标准	选择装卸工具	15				
	认识包装运输标志	15				
	体验卸车搬运	20				
	体验装车搬运	20				
	语言表达	15				
	团队合作	15				
	合 计	100				

注：实际得分＝组内评价×30%＋他组评价×30%＋教师评价×40%。

知识拓展

快递装卸搬运的要求

1. 装卸搬运过程中的人身安全注意事项

（1）搬运快件前，应采取防护措施，不得未戴防护手套、防护腰带，未穿防护鞋等就开始搬运作业。

（2）搬运快件前，应检查快件包装外是否有易伤手的异物，如钉、钩、刺、尖片等。

（3）搬运时，身体应靠近快件，下蹲，用伸直双腿的力量慢慢起身，平稳地将快件搬起。

（4）负重前，先明确快件要搬运的方向，面朝这一方向后，方可提起或将快件搬起。

（5）当手中负重转身时，应先移动双脚，不能直接扭转腰部，以免腰部扭伤。

（6）搬运快件时，快件的高度或堆码高度不要超过作业人员的水平视线。

（7）搬运快件时，先将快件置于工作台，调整好手掌的着力位置后再搬起快件。

（8）两人或两人以上一起搬运快件时，应由一人指挥，以保证搬运动作、行进步伐的统一。

（9）当使用搬运设备运送快件时，应向前推车，车、快件都要放在人的前方。

（10）搬运快件时，应特别小心工作台、斜坡、楼梯等一些易滑倒的地方。

（11）搬运快件时，应注意门的宽度，以防撞伤或擦伤手指。

（12）装车时，尽量避免将快件挂在自行车、电动车或摩托车的车把上，以免影响行车安全。

2. 装卸搬运过程中的快件安全注意事项

（1）快件未装包前，不得直接摆放在地面上，应放进指定的塑料筐、手推车或其他装载工具中，以保证快件干净整洁，同时避免快件遗漏或丢失。

（2）搬运时，用手掌紧握快件，不可只用手指抓住快件，以免快件掉落。

（3）装卸时，要轻拿轻放，严禁扔、抛、踢、压、踩、坐、拖、拽快件。

（4）快件分拣脱手时，普通快件离摆放面小于30cm时方可脱手，易碎快件须小于10cm方可脱手。

（5）快件堆放较高时，应使用辅助工具（如凳子或"人"字梯等），严禁派件员或装卸作业人员站在快件上进行装卸作业。

（6）快件装车时，遵循"大不压小、重不压轻、先出后进、易碎件单独摆放"的原则进行。

（7）装车码放时，对不能倒置的快件一定要按正确方向放置。

（8）体积小的零散快件应统一装进随身携带的背包、挎包或集装袋内再装车。

（9）利用货车派送快件时，如果快件已装满半车，应按阶梯形码放，不得垂直码放。

（10）装车时，快件重量不得超过车辆核定的装载重量，也就是不能超过行驶证上标注的允许装载重量。

（11）装车时，快件的长度和宽度均不能超过货车、汽车车厢的长度和宽度，快件的体积不得超过自行车、电动车、摩托车的安全范围。

（12）若利用自行车、电动车、摩托车派送不规则快件，要注意装车捆绑的方式。例如，若快件太长，就不能横着捆绑，应与车辆纵向平行捆绑。

（13）遇雨雪、大雾天气时，应在快件上加盖或包裹防雨用具，避免快件淋湿或受潮。

（14）利用自行车、电动车、摩托车等交通工具派件时，卸件后一定要注意车辆重心是否偏移。如果偏移，需调整剩下快件的位置并重新捆绑。

任务四　体验流通加工

任务目标

1．掌握电子商务流通加工的含义和类型；
2．了解电子商务流通加工的流程；
3．能够进行简单的电子商务流通加工作业。

任务描述

2022年5月3日，佳通电子商务有限公司的信息处理员接到巨日百货的出库通知，要求于5月4日中午12:00前将100套组装好的"办公助手"配送至巨日百货中华路门店。"办公助手"是由剪刀、订书机和文件夹三样货物各一件组成的成套物品，请对该项出库任务进行流通加工。

任务实施

步骤一：处理流通加工单。

以小组为单位，各组信息员在收到通知后按照操作步骤（见表3-18）依次进行流通加工单的制作和打印。教师对制作过程中的规范性和准确性进行指导。

表 3-18 流通加工单制作步骤

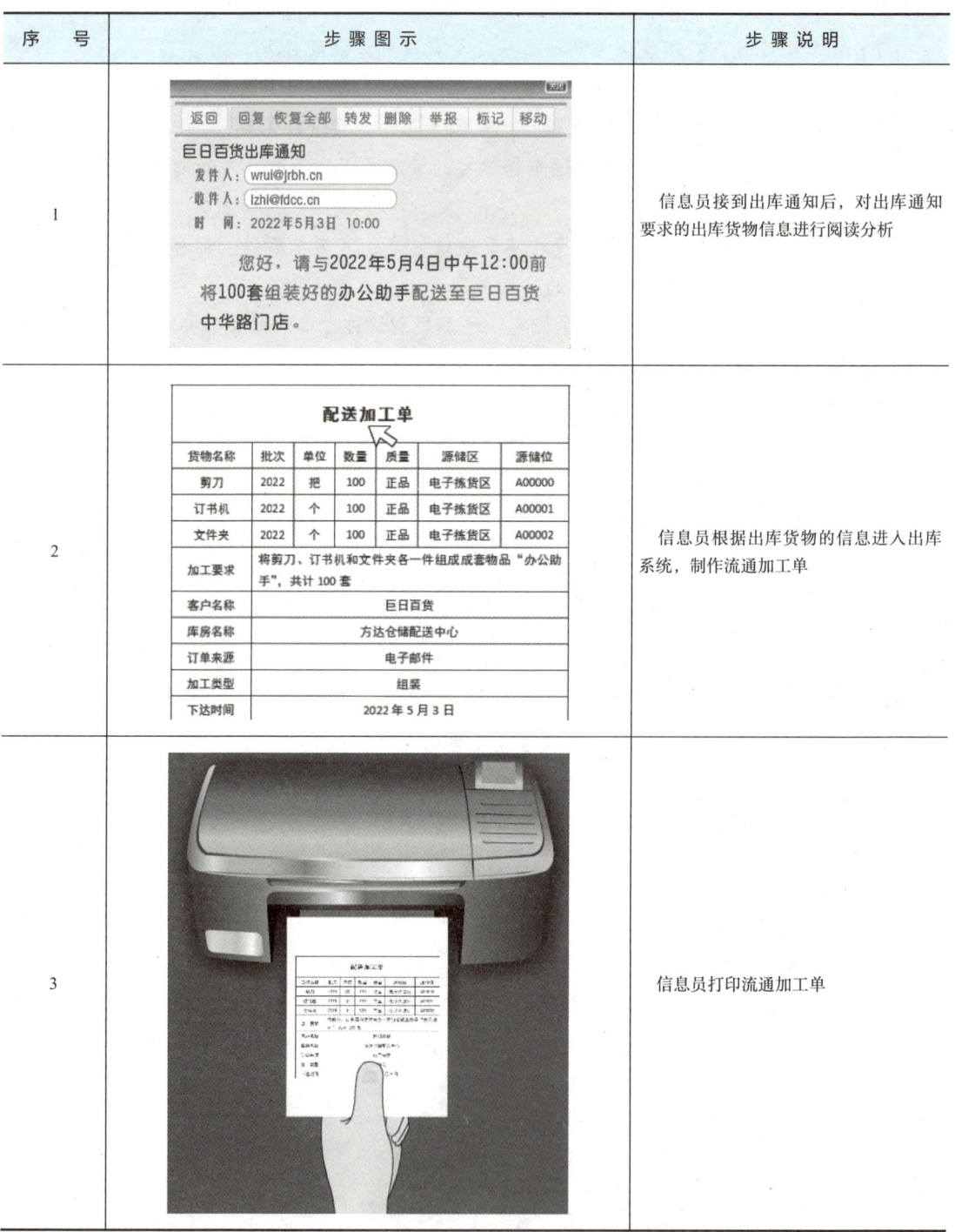

序号	步骤图示	步骤说明
1		信息员接到出库通知后，对出库通知要求的出库货物信息进行阅读分析
2		信息员根据出库货物的信息进入出库系统，制作流通加工单
3		信息员打印流通加工单

步骤二：拣选货物。

各组根据角色分配，按照货物拣选的操作步骤（见表 3-19）分别进行货物的拣选作业。教师一旁指导，评价操作的规范性和准确性。

表 3-19 货物拣选操作步骤

序 号	步骤图示	步骤说明
1		信息员将流通加工单交至仓管员进行货物的拣选
2		仓管员仔细阅读流通加工单,选择适合的拣选方式进行货物的拣选
3	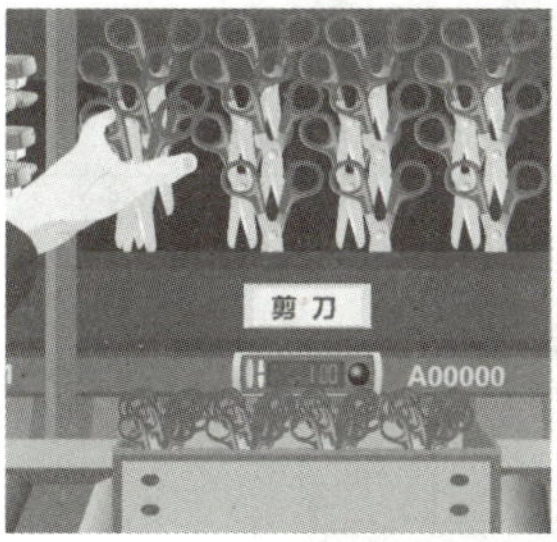 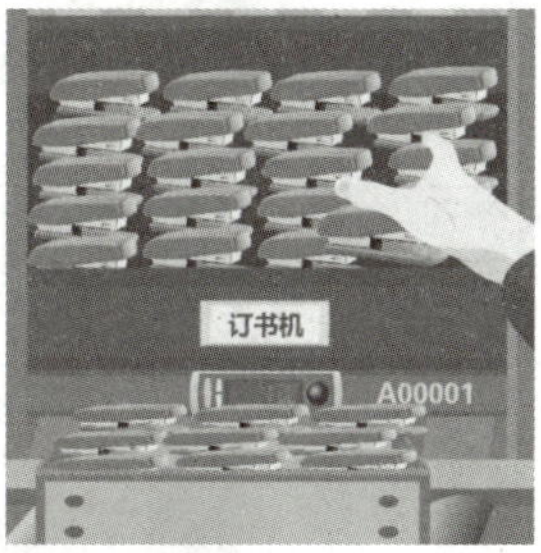 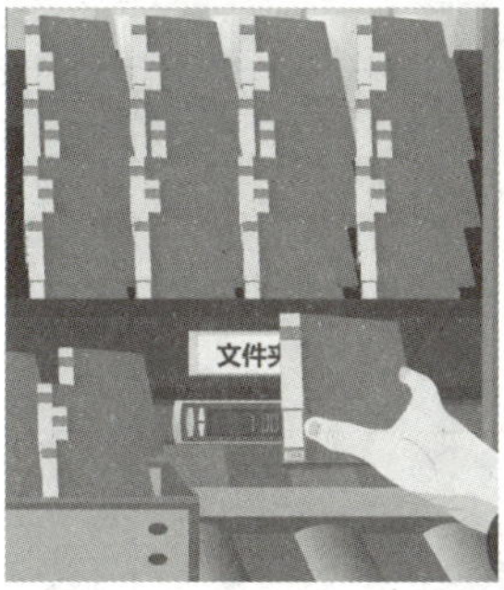	根据电子标签显示,分别对货物进行拣选,将拣选出来的货物放在相应的物流箱内。拣选完毕,按灭电子标签上的指示按钮,对拣选好的货物分别进行复查
4		复查完毕,仓管员将货物搬运至加工操作台,交至加工员进行货物的流通加工操作

注意事项:每样货物拣选完毕后都要做好复查工作,避免事后补货作业的发生,降低作业效率。

步骤三：加工作业。

各组加工作业人员按照操作步骤（见表 3-20）分别进行流通加工作业。教师一旁指导，评价操作的规范性和准确性。

表 3-20　加工作业操作步骤

序　号	步骤图示	步骤说明
1		加工作业人员按照"办公助手"的货物组成，对各物流箱内的货物进行拣选
2		选择合适的包装材料，将拣选出来的货物放到所选包装中
3	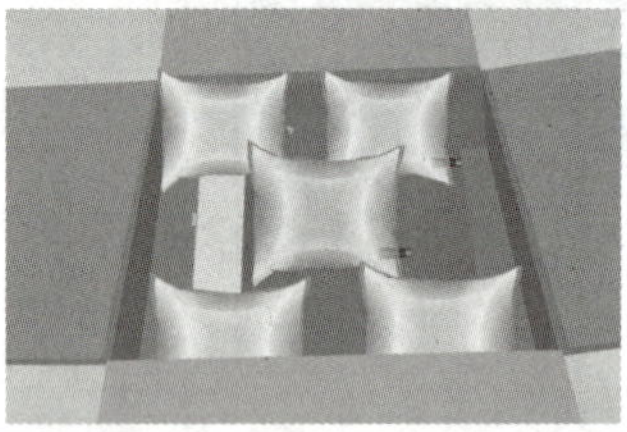	做好货物的防护工作
4		组装完成后进行打包封箱工作
5		重复步骤 1～4，将所有货物进行组装成套之后集装在运输包装中
6		对运输包装进行封箱打包操作

注意事项：包装材料的选择要以最大的容积利用率为前提，货物组装摆放时要有序、美观。

步骤四：货物搬运。

各组搬运人员按照操作步骤（见表3-21）对完成加工作业的货物进行搬运工作。教师一旁指导，评价操作的规范性和准确性。

表3-21 搬运作业操作步骤

序号	步骤图示	步骤说明
1		将组装完毕后的货物整齐地堆垛在托盘上
2		运用手动液压托盘车将堆垛整齐的托盘货物拉至发货区。清洁工作现场，进行设备归位

> **小贴士**
>
> 手推车的承载能力一般在500kg以下，轻巧灵活、易操作、转弯半径小，是短距离输送较小、较轻物品的一种方便而经济的运输工具。操作手推车时应注意以下事项：①禁止使用手推车载人；②禁止操作员单脚踩在手推车上滑行；③禁止手推车载货逆向推行。

知识链接

一、流通加工的含义

流通加工是货品从生产地到使用地的过程中，根据需要施加包装、分割、计量、分拣、刷标志、拴标签、组装等简单作业的总称。电子商务企业的流通加工作业，主要是指将放于仓库的产成品进行最后的简单作业，达到客户需求，顺利出库的过程。

二、流通加工的类型

1. 保存产品

使电子商务企业仓库内的产品得到妥善的保存，延长产品寿命，例如水产品、肉产品的保鲜、保质冷冻加工，木材的防腐、防干裂加工等。

2. 提高产品利用率，方便用户

通过集中加工的规模效应来减少原材料的浪费，提高加工质量，例如钢材、木材的集中下料，搭配套材等。

3. 提高物流效率，降低物流损失

为了便于运输和保质，改变产品的形态，或者保持半成品未组装的形式，例如气体液化、造纸用木材磨成木屑等。

4. 适应多样化需求

为了满足客户对产品的多样化需求，将产品包装进行多样化的改造和组合，例如化妆品、食品的套装，礼盒包装等。

5. 经销需要

有些进口商品需要贴中文标识和税条等，例如洋酒等进口商品要在瓶子上贴中文标识和经销商名称。

三、流通加工的基本流程

电子商务企业流通加工作业的基本流程可以归纳为4个步骤，如图3-14所示。

图3-14　流通加工作业的基本流程

四、流通加工的作用

（1）提高原材料利用率。
（2）进行初级加工，方便用户。
（3）提高加工效率及设备利用率。

五、不合理的流通加工

不合理的电子商务流通加工主要包括以下几个方面：

1. 流通加工方式的不当选择

流通加工方式包括流通加工对象、流通加工工艺、流通加工技术和流通加工程度等。流通加工方式不当其实就是生产分工不合理，把本来应由生产加工完成的作业错误地交给流通加工来完成，或者把本来应由流通加工完成的作业错误地交给生产过程去完成，造成经济上的损失。

2. 流通加工环节多余，作用不大

流通加工过于简单，对生产和消费的作用不大，或盲目设置流通加工环节，实际未能解决问题，反而增加作业环节，这都是流通加工不合理的重要表现。

3. 流通加工地点设置不合理

将流通加工的地点设置在生产地还是消费地，应根据客户服务需求的实际情况综合考虑。

4. 流通加工成本过高，效益不好

流通加工的一个重要优势就是它有较大的投入产出比，因而能有效地起到补充、完善的作用。如果流通加工成本过高，不能实现以较低投入实现更高使用价值的目的，这样的流通加工势必是不合理的。

任务评价

	考评项目	分值/分	组内评价	他组评价	教师评价	实际得分
考评标准	能够制作并打印流通加工单	10				
	能够正确地进行货物拣选	15				
	能够按照流通加工单进行货物的加工操作	15				
	能够对货物进行正确的搬运	15				
	清洁工作现场，进行设备归位	15				
	语言表达	15				
	团队合作	15				
	合　　计	100				

注：实际得分＝组内评价×30％＋他组评价×30％＋教师评价×40％。

知识拓展

流通加工相关设备

1．贴标机

贴标机按自动化层次可分为手工、半自动和全自动三种。自动贴标机分为接触式和非接触式两种。在物流中心的作业中，半自动贴标机的使用较多。

2．封箱机

封箱作业以自动化层次而言，可分为手工方式、半自动方式和全自动方式；根据封箱的材料可分为胶带封箱、热熔胶封箱和打钉（铝钉、铜钉）封箱等。

3．热收缩包装机

热收缩包装机按封切方式大致上可分为四面封、三面封、L形封及一面封 4 种。若以货品形状而言，则有正方形、长条形、薄片形及不规则形 4 种。机器设备的选择主要是根据货品包装的数量来确定。目前在流通加工中，使用半自动或手动的比较多。

任务五　体验货物分拣

任务目标

1．了解电子商务企业货物分拣的方式和设备；
2．熟悉并学会摘取式分拣的操作流程；
3．熟悉并学会播种式分拣的操作流程。

任务描述

　　2022年3月15日上午，佳通电子商务有限公司的信息员接到物美商店、联华商店和大润发商店传来的出库通知单3张，要求按照分拣单上所列信息进行分拣备货，隔天送货，完成电子商务交易。出库通知单的具体信息见表3-22～表3-24。请进行拣货流程的规划，并运用摘取式和播种式两种不同的拣货方式进行分拣工作。

表3-22　物美商店出库通知单

客户指令：CK2022031501

仓库：实训库房				收货人：物美商店	
货物条码	货物名称	规格	单位	数量	备注
6922266438820	清风超质感卷筒纸		卷	14	
6922868289127	优选卷筒纸		卷	6	
6901236373958	维达卷筒纸		卷	8	
6923555218482	海得润滋饮用纯净水		瓶	12	
6910183004297	汇源纯净水		瓶	16	
6942417395437	娃哈哈纯净水		瓶	10	

表3-23　联华商店出库通知单

客户指令：CK2022031502

仓库：实训库房				收货人：联华商店	
货物条码	货物名称	规格	单位	数量	备注
6923555218482	海得润滋饮用纯净水		瓶	25	
6910183004297	汇源纯净水		瓶	6	
6942417395437	娃哈哈纯净水		瓶	8	
6922868289127	优选卷筒纸		卷	10	
6901236373958	维达卷筒纸		卷	15	
6930363000468	五月花卷筒纸		卷	2	

表3-24 大润发商店出库通知单

客户指令：CK2022031503

仓库：实训库房				收货人：大润发商店	
货物条码	货物名称	规格	单位	数量	备注
6930363000468	五月花卷筒纸		卷	15	
6922266438820	清风超质感卷筒纸		卷	20	
6922868289127	妮飘卷筒纸		卷	8	
6910183004297	汇源纯净水		瓶	10	
6902083881405	冰露饮用矿物质水		瓶	15	
6922233611058	康师傅天然水		瓶	12	

任务实施

步骤一： 小组讨论不同分拣方式之间的区别，熟悉不同拣选设备的使用。

各组间进行小组讨论，讨论货物不同种类分拣方式的区别。教师引导学生重点分析人工拣选与电子辅助拣选、摘取式与播种式拣选的区别，各组在讨论后完成分拣方式分析表（见表3-25），并展示各组的讨论结果，教师进行总结。讨论结束后，组内同学在组长的组织下有序地熟悉实训室各拣选设备的使用。

表3-25 分拣方式分析表

分拣方式	优点	缺点
摘取式分拣		
播种式分拣		

步骤二： 分拣流程规划。

根据出库通知单的订单数量、不同货物种类、相同货物种类、发货时间等信息制定分拣流程规划，以小组为单位填制分拣流程规划表（见表3-26），派代表进行展示讲解。教师进行指导。

表3-26 分拣流程规划表

规划小组		规划日期	
小组成员			
订单数量		发货时间	
不同货物种类数		相同货物种类数	
所选分拣方式			
分拣流程			

步骤三：展开实训，进行分拣操作。

进行摘取式和播种式分拣操作，步骤参见表3-27和表3-28。各小组组长安排组员在完成一种分拣操作后，再进行另一分拣方式的操作。每位同学以小组为单位，依次轮流进行操作训练，反复练习。组长对于每位同学的完成情况进行记录汇报，最后由教师评价完成的情况。

表3-27 摘取式分拣操作步骤

序 号	步 骤 图 示	步 骤 说 明
1		正确处理客户订单，根据货物配送情况，制作货物分拣单
2	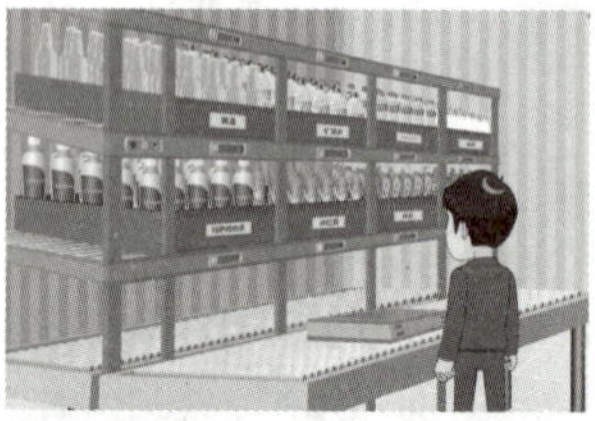	拿取摘取式分拣单及分拣所需设备前往电子分拣区进行分拣操作
3	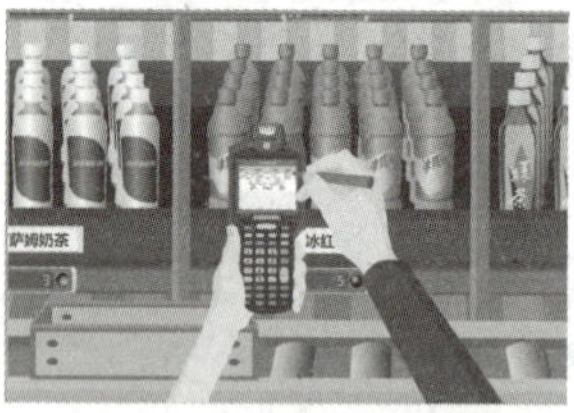	利用计算机或手持终端进入分拣系统，点击操作，激活电子标签
4	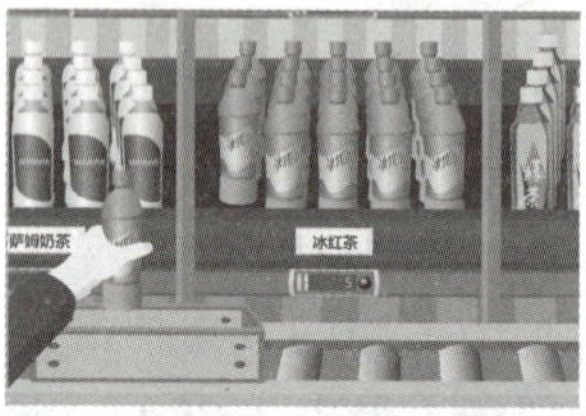	根据电子标签显示数值拣选相应数量的货物
5	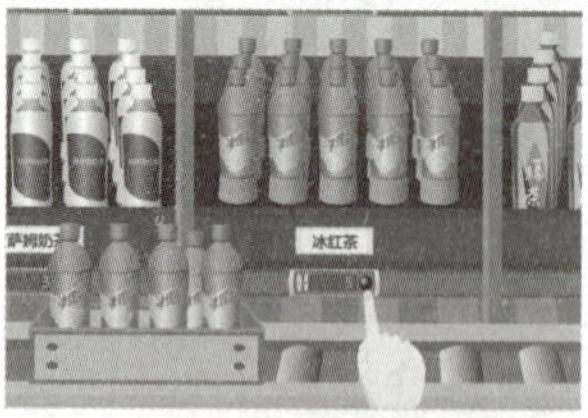	拣选完毕，按灭电子标签上的确认键，表明该货物拣选结束
6	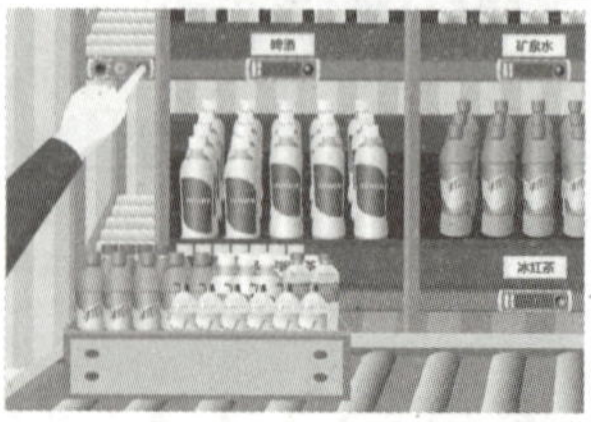	重复步骤4~5，完成所有货物的拣选。待所有的货品捡取完毕后，分拣货架上的蜂鸣器会自动发出声音，此时按灭蜂鸣器旁的确认键即表示所有货物拣选完毕

三、多项选择题

1. 海淘物流的分类包括（　　　　）。

    A. 直邮　　　　　B. 转运　　　　　C. 货到付款　　　　D. 自提

2. 海淘转运流程包括：转运公司签收——（　　　　）——仓储——出库——机场候机——航班回国——（　　　　）——国内投递。

    A. 入库登记　　B. 运输　　　　　C. 清关　　　　　D. 配送

四、简答题

1. 简述海淘的概念。

2. 简述海淘物流的过程。

3. 简述海淘物流中的痛点应从哪些方面去破解。

四、简答题

1. 农产品物流主要有哪些特征?

2. 物流如何实现农产品的保鲜?

任务三　认识"海淘"物流

一、判断题

1. 海淘支持货到付款。　　　　　　　　　　　　　　　　　　　　　　（　　）

2. 从海淘网上购物,都能选择直邮的方式寄回国内。　　　　　　　　　（　　）

3. 海淘商品转运流程:转运快递网站注册→境外网站购物→境外网站发送至转运快递→转运快递发到国内→快递到消费者手中。　　　　　　　　　　　　　（　　）

4. 选择直邮海淘的优势在于简单方便,万一丢单、破损可以直接跟购物网站交涉补发。　　　　　　　　　　　　　　　　　　　　　　　　　　　　　（　　）

5. 进口报关的基本程序:接受申报——审核单证——查验货物——结关放行。

（　　）

二、单项选择题

1. 海淘是通过互联网搜索海外商品信息,并通过电子订单发出购物请求,由海外购物网站通过国际快递发货,或是由（　　）代收货物再转寄回国的购物方式。

　　A. 转运公司　　　　　　　　　　B. 货代公司

　　C. 船代公司　　　　　　　　　　D. 第三方物流企业

2. 海淘的一般付款方式是（　　）。

　　A. 货到付款　　　　　　　　　　B. 款到发货

　　C. 付款与发货同时进行　　　　　D. 定金下单,货到补齐

3. 选择转运方式购物的客户在下单时需要填写（　　）,以便电子商务网站把货物寄送过去。

　　A. 国内地址　　　　　　　　　　B. 电子商务网站地址

　　C. 转运公司地址　　　　　　　　D. 转运公司仓库地址

2. 农产品物流的发展目标是增加农产品附加值，节约流通费用，提高流通效率，降低不必要的损耗。（　　）

3. 农产品冷链物流主要包括冷冻储藏、冷藏运输及配送、冷冻销售三个环节。（　　）

4. 农产品在运输储存过程中，各自要求的输送设备、运输工具、装卸设备、质量控制标准各有不同，要求根据农产品各自的性质安排合适的运输工具，以确保农产品的品质达到规定的要求。（　　）

5. 农产品物流按照农产品物流业务是否外包可分为自营物流和第三方物流。（　　）

二、单项选择题

1. （　　）对农产品生产和储运提出了更高要求，如加工中要求无菌，产品配送过程中不能和有其他气味的商品混运，对温度和湿度有着严格的规定等。

    A. 独立性　　　　B. 营养性　　　　C. 安全卫生性　　　D. 全年性

2. 以下属于冷冻销售中涉及的设备是（　　）。

    A. 储藏柜　　　　B. 速冻装置　　　　C. 冷藏船　　　　D. 冷藏集装箱

3. 以下不属于农产品物流特征的是（　　）。

    A. 物流风险大　　　　　　　　B. 物流技术要求高

    C. 物流量大　　　　　　　　　D. 物流分散性

4. 农产品物流按照农产品物流系统的空间范围划分，不包括（　　）。

    A. 国际农产品物流　　　　　　B. 国内农产品物流

    C. 省市农产品物流　　　　　　D. 地区性农产品物流

三、多项选择题

1. 以下属于农产品冷链物流环节的是（　　）。

    A. 冷冻加工　　　B. 冷冻储藏　　　　C. 冷藏运输　　　D. 冷冻销售

2. 农产品物流按照农产品物流系统作用的对象划分，包括（　　）。

    A. 粮食作物物流　　　　　　　B. 畜牧产品物流

    C. 水产品物流　　　　　　　　D. 经济作物物流

3. 以下属于冷冻储藏涉及的装置的有（　　）。

    A. 速冻装置　　　B. 冻结柜　　　　C. 冷藏库　　　　D. 冷藏汽车

4. 以下属于农产品物流特征的有（　　）。

    A. 物流风险大　　　　　　　　B. 物流技术要求高、难度大

    C. 物流量大　　　　　　　　　D. 物流运作相对独立

5. 农产品物流依据农产品物流系统的性质划分，包括（　　）。

    A. 社会化专业物流　　　　　　B. 自营物流

    C. 第三方物流　　　　　　　　D. 企业物流

三、多项选择题

1. 在电子商务环境下，要成为第四方物流主体，必须具备整合社会物流资源、对整个物流过程提供策划方案以及利用电子商务进行集成的能力。当前具备足够条件发展为第四方物流主体的，主要集中在（　　　　）三种组织类型。

  A. 第三方物流服务提供商   B. IT 服务提供商

  C. 供应链管理咨询公司   D. 电子商务企业

2. 电子商务环境下第四方物流的运作模式有（　　　　）。

  A. 协同运作模型   B. 方案集成商模式

  C. 行业创新者模式   D. 动态联盟模式

3. 第四方物流供应商通过对（　　　　）等进行全面分析，并协调第三方物流服务提供商、IT 服务提供商、供应链管理咨询公司等合作伙伴来具体实施物流运作。

  A. 货物性质与数量   B. 配送路线

  C. 时间要求   D. 配送要求

4. 属于第四方物流的基本功能的是（　　　　）。

  A. 供应链管理功能   B. 运输一体化功能

  C. 供应链再造功能   D. 配送一体化

5. 第四方物流提供一个综合性供应链解决方案，它尽可能地集中全部资源为客户妥善地解决问题，以有效地满足客户多样化和复杂的需求。那么综合供应链解决方案包括（　　　　）。

  A. 供应链再建   B. 功能转化

  C. 业务流程再造   D. 开展多功能、多流程的供应链管理

四、简答题

1. 简述第四方物流的定义。

2. 简述在电子商务环境下如何充分发挥第四方物流的作用。

任务二　认识电子商务下的农产品物流

一、判断题

1. 农产品物流按照农产品物流系统作用的对象可分为社会化专业物流和企业物流。

                   （　　　　）

项目六　认识电子商务下的新型物流

任务一　认识电子商务下的第四方物流

一、判断题

1. 第四方物流专门为第一方、第二方和第三方提供物流规划、咨询、物流信息系统、供应链管理等活动。　　　　　　　　　　　　　　　　　　　　　　　　（　　）

2. 第四方物流本身也是具体的物流运作活动的主体。　　　　　　　　　　（　　）

3. 第四方物流能够有效地适应需方多样化和复杂的需求，集中所有的资源为客户提供完善的综合性供应链解决方案。　　　　　　　　　　　　　　　　　　　（　　）

4. 第四方物流实质上与第三方物流是相同的，只是叫法不同。　　　　　　（　　）

5. 大力发展第三方物流是当前提高我国物流产业发展水平的重要措施，也是发展第四方物流的必要前提。　　　　　　　　　　　　　　　　　　　　　　　　（　　）

二、单项选择题

1. 第四方物流的基本功能中，（　　）即管理从货主、托运人到用户、顾客的供应全过程。

　　A. 运输一体化功能　　　　　　　　　B. 供应链再造化功能
　　C. 管理一体化功能　　　　　　　　　D. 供应链管理功能

2. 运输一体化功能，即负责管理（　　）、物流公司在业务操作上的衔接与协调问题。

　　A. 运输公司　　　B. 物流公司　　　C. 配送中心　　　D. 第三方物流

3. 电子商务环境下第四方物流的特点之一是提供了一个综合性供应链解决方案，特点之二是（　　）。

　　A. 集约化和信息化　　　　　　　　　B. 通过影响整个供应链来获得价值
　　C. 低成本、高效益　　　　　　　　　D. 综合性

4. （　　）是指生产经营企业为集中精力搞好主业，把原来属于自己处理的物流活动，以合同方式委托给专业物流服务企业，同时通过信息系统与物流企业保持密切联系，以达到对物流全程管理控制的一种物流运作与管理方式。

　　A. 第一方物流　　　　　　　　　　　B. 第二方物流
　　C. 第三方物流　　　　　　　　　　　D. 第四方物流

5. 下列不属于第四方物流为客户带来的利益的是（　　）。

　　A. 利润增长　　　　　　　　　　　　B. 运营成本降低
　　C. 资产利用率提高　　　　　　　　　D. 服务水平提高

4. 物流信息包含的内容从广义方面来讲是指（　　　）。

    A. 企业与物流活动有关的信息

    B. 企业与流通活动有关的信息

    C. 企业整个供应链活动有关的信息

    D. 企业与经营管理活动有关的信息

5. 物流信息的分类、研究和筛选等工作的难度比较大，这是由物流信息（　　　）特点决定的。

    A. 阶梯式传递　　　　　　　　　　B. 信息量大、分布广、种类多

    C. 具有较高的时效性　　　　　　　D. 具有"牛鞭效应"

三、多项选择题

1. 从功能角度进行分析，物流信息系统的层次结构包含（　　　）。

    A. 作业层　　　　B. 网络层　　　　C. 管理层　　　　　　D. 决策层

    E. 服务层

2. 仓储管理系统的操作功能主要包括（　　　）。

    A. 收货管理　　　　　　　　　　　B. 入库管理

    C. 库存管理　　　　　　　　　　　D. 拣货和发运管理

3. 订单管理系统的操作功能主要包括（　　　）。

    A. 接收订单　　　　　　　　　　　B. 整理数据

    C. 订单确认　　　　　　　　　　　D. 交易处理

4. 物流信息系统的作用包括（　　　）。

    A. 有利于提高物流活动的有效性

    B. 有利于提高物流系统的运行效率

    C. 有利于提高物流服务水平

    D. 有利于提高物流运作的透明度

四、简答题

1. 简述仓储管理信息系统入库、出库的操作步骤。

2. 简述物流信息系统配送操作步骤。

5. GPS 主要包括三大组成系统，即（　　　　）。

    A. 空间卫星系统　　　　　　　　B. 地面监控系统

    C. 计算机设备　　　　　　　　　D. 用户接收系统

四、简答题

1. 简述条码技术的应用。

2. 简述 GPS 在物流配送中的应用。

任务二　体验电子商务物流信息系统

一、判断题

1. 物流信息就是物流活动的内容、形式、过程及发展变化的反映。　　　　（　　　）

2. 物流信息包含的内容从狭义方面来讲是指企业与整个供应链活动有关的信息。

（　　　）

3. 物流信息的分类、研究和筛选等工作的难度比较大，这是由于物流信息具有较高的时效性特点决定的。　　　　　　　　　　　　　　　　　　　　　（　　　）

4. 电子商务物流系统主要包括 WMS 和 MTS 两大模块。　　　　　　　（　　　）

5. 物流信息服务于企业内部管理和决策，与企业所处的环境无关。　　　（　　　）

二、单项选择题

1. 下列（　　　）属于电子商务物流信息系统的典型内容。

    A. 运输管理系统　　　　　　　　B. 客户关系管理系统

    C. 公文管理系统　　　　　　　　D. 财务管理系统

2. （　　　）是仓储管理的内容的最基础的部分，也是所有 WMS 最具有共性的部分。

    A. 仓储系统的布局设计　　　　　B. 库存最优控制

    C. 仓储作业的操作　　　　　　　D. 仓储管理计划

3. 电子商务物流信息系统是（　　　）的保证。

    A. 节约物流成本　　　　　　　　B. 企业获得高额利润

    C. 提高物流服务质量　　　　　　D. 降低劳动强度

项目五 走进电子商务物流信息

任务一 认识电子商务物流信息技术

一、判断题

1. 商品条码是由 14 位数字构成的。 （　　）
2. 在我国，射频识别技术比条码的应用范围还要广泛。 （　　）
3. EDI 系统可以处理各种物流单证。 （　　）
4. GPS 技术可应用于车辆导航和跟踪。 （　　）
5. 物流领域主要是利用 GIS 强大的地理数据功能来完善物流分析技术。

（　　）

二、单项选择题

1. 商品条码是由（　　）位数字组成。
   A. 9 　　　　　　B. 10 　　　　　　C. 13 　　　　　　D. 14
2. RFID 系统通常由（　　）、读写器和计算机通信网络三部分组成。
   A. 天线 　　　　B. 电子标签 　　　C. 储存电路 　　　D. 调制器
3. （　　）被俗称为"无纸贸易"。
   A. RFID 　　　　B. EDI 　　　　　C. GPS 　　　　　D. GIS
4. （　　）系统广泛应用于汽车定位、跟踪调度、陆地救援等工作。
   A. RFID 　　　　B. EDI 　　　　　C. GPS 　　　　　D. GIS

三、多项选择题

1. 条码的优点有（　　　）。
   A. 服务整个物流供应链　　　　　　B. 可靠准确
   C. 灵活实用　　　　　　　　　　　D. 可变性易维护
2. 条码按维数来分可分为（　　　）。
   A. 一维条码 　　B. 二维条码 　　　C. 多维条码 　　　D. EAN 码
3. 条码按使用目的分类可分为（　　　）。
   A. 物流条码 　　B. 二维条码 　　　C. 商品条码 　　　D. EAN 码
4. 构成 EDI 系统的要素是（　　　）。
   A. EDI 软件和硬件　　　　　　　　B. 通信网络
   C. 数据标准化　　　　　　　　　　D. 全球定位系统

· 23 ·

三、多项选择题

1. 电子商务企业客服应具备的基本素质有（　　　　）。
   A. 灵活处理紧急情况　　　　　B. 平和的心态
   C. 调节自身情绪　　　　　　　D. 认真负责

2. 电子商务企业客服应具备的自身基本能力有（　　　　）。
   A. 随机应变的能力　　　　　　B. 思考与总结的能力
   C. 耐心、细致、认真的态度　　D. 终身学习的能力

3. 属于客户满意度测评目的的是（　　　）。
   A. 开发新产品　　　　　　　　B. 提高经营绩效
   C. 提升员工整体素质　　　　　D. 增强企业竞争力

4. 客服易犯的错误有（　　　）。
   A. 不耐烦　　　　　　　　　　B. 过分幽默
   C. 态度过于生硬　　　　　　　D. 说得太多

5. 下列网络语言是电子商务企业客服人员应尽量避免使用的有（　　　　）。
   A. 晕　　　　　B. 亲　　　　　C. 汗　　　　　D. 倒

四、简答题

1. 面对电子商务客户的投诉应当怎样处理？

2. 客户满意度测评的目的是什么？

附　习题册

四、简答题

1. 简述电子商务快递的流程。

2. 签收快递时需哪些注意事项?

任务四　提高客户满意度

一、判断题

1. 客服人员对商品的信息不需要了解得很详细。　　　　　　　　　　　　　(　　　)

2. 面对砍价,电子商务客服人员应坚持原则,切勿随意降价。　　　　　　(　　　)

3. 客服人员在和客户交谈中应多用敬语,如"您""请问""请稍等"等。

(　　　)

4. 客户阐述自己的投诉后,往往心情还是非常激动的,作为客服人员应该暂时先不理会客户,让他先自己冷静下来,再进行交谈。　　　　　　　　　　　(　　　)

5. 在客户投诉未完全满意前,客服人员应该幽默些,活跃气氛。　　　　(　　　)

二、单项选择题

1. (　　　)是交谈的基本要求。
   A. 微笑　　　　　　B. 礼貌待客　　　　C. 客气　　　　　　D. 站姿

2. 电子商务企业客服人员面对对商品不熟悉的顾客时,需要(　　　)。
   A. 详细地讲解和合理地推荐　　　　B. 不要过分虚夸,只需实话实说
   C. 要站在专业的角度讲解　　　　　D. 不理会顾客

3. (　　　),回复的答案解决不了客户的问题,会导致客户循环提问。
   A. 过分幽默　　　　　　　　　　　B. 态度过于生硬
   C. 经常使用网络语言　　　　　　　D. 不正面回答问题

4. 应对客户的责问,客服应当首先(　　　)。
   A. 向上级请示　　　　　　　　　　B. 推脱责任
   C. 问清事情的原委　　　　　　　　D. 想办法赔偿

5. 对待客户的投诉,以下处理方式欠妥的一项是(　　　)。
   A. 反客为主　　　　　　　　　　　B. 快速反应,认真倾听
   C. 认同客户感受,诚恳给客户道歉　D. 安抚客户,表示愿意提供帮助

· 21 ·

4. 选择快递公司时，要考虑费用和能否送达目的地两个主要因素。　　（　　）

5. 包装快递物品时，应当用封箱胶带封好纸箱上所有接缝的地方。　　（　　）

二、单项选择题

1. 从当当网上购买的一本电商物流书籍需要退货时应选择的包装材料是（　　）。

    A. 纸箱　　　　　　　　　　　　B. 塑料包装袋

    C. 珍珠棉　　　　　　　　　　　D. 气泡袋

2. 右图作业标记是指（　　）。

    A. 堆码质量极限　　　　　　　　B. 堆码层数极限

    C. 此处不能卡夹　　　　　　　　D. 禁止堆码

3. 电子商务快递流程中，客户下单后的下一步是（　　）。

    A. 运输　　　　　　　　　　　　B. 上门取件

    C. 派件　　　　　　　　　　　　D. 运输

4. 下列是快递公司的是（　　）。

    A. 淘宝　　　　　　　　　　　　B. 申通

    C. 拍拍　　　　　　　　　　　　D. 易趣

5. 签收快递时，下列描述正确的是（　　）。

    A. 可以要求先验货再签收

    B. 不允许先验货再签收

    C. 货物质量有问题，可以要求快递员赔偿

    D. 既不用验货也不需要签收

三、多项选择题

1. 包装的三大功能是（　　）。

    A. 二次利用功能　　　　　　　　B. 保护功能

    C. 方便功能　　　　　　　　　　D. 销售功能

2. 常用的包装填充材料有（　　）。

    A. 气泡膜　　　B. 珍珠棉　　　C. 充气枕　　　D. 报纸团

3. 常用的外包装材料有（　　）。

    A. 瓦楞纸箱　　B. 蜂窝纸箱　　C. 塑料胶袋　　D. 泡沫箱

4. 常用的内包装材料有（　　）。

    A. 泡沫箱　　　B. 瓦楞纸箱　　C. 珍珠棉　　　D. 纸卡结构

5. 收到快递后，检查发现快递有问题，正确的做法是（　　）。

    A. 确认收货　　　　　　　　　　B. 打电话通知发件人

    C. 质问快递员，并要求赔偿　　　D. 将商品封好，交给快递员处理

附　习题册

4. 能实现"门到门"运输的是（　　　　）。

　　A. 航空运输　　　B. 公路运输　　　　C. 水路运输　　　　D. 铁路运输

5. 公路运输对象多为（　　　　）的产品。

　　A. 小批量、少品种　　　　　　　　B. 大批量、多品种

　　C. 大批量、少品种　　　　　　　　D. 小批量、多品种

三、多项选择题

1. 配送通常是（　　　　）的产品运送。

　　A. 小批量　　　　　B. 大批量　　　　　C. 多品种　　　　D. 单一品种

2. 按配送的组织者不同可以分为（　　　　）。

　　A. 配送中心配送　　　　　　　　　B. 商店配送

　　C. 仓库配送　　　　　　　　　　　D. 生产企业配送

3. 铁路运输的优点有（　　　　）。

　　A. 运输量大　　　　　　　　　　　B. 速度较快

　　C. 连续性强　　　　　　　　　　　D. 受自然条件影响较小

4. 配送是（　　　　）等活动的有机结合体。

　　A. 送货　　　　　B. 分货　　　　　C. 配货　　　　D. 销售

5. 公路运输的缺点是（　　　　）。

　　A. 灵活性差　　　　　　　　　　　B. 不适宜大批量货物的运输

　　C. 长距离运输成本高　　　　　　　D. 不受地形限制

四、简答题

1. 简述电子商务货物运输的流程。

2. 简述电子商务货物配送的流程。

任务三　体验电子商务快递

一、判断题

1. 易碎物品包装时，填充物要填满货物与纸箱之间的空隙。　　　　　　（　　　　）

2. 填写快递单时，收件人电话号码可填可不填。　　　　　　　　　　　（　　　　）

3. 寄送快递，可以选择登录支付宝进行预约。　　　　　　　　　　　　（　　　　）

· 19 ·

3. 仓库温湿度控制与调节的常用方法有（　　　　）。

　　A. 密封　　　　　B. 通风　　　　　C. 吸潮　　　　　D. 控温

4. 商品堆码的基本要求有（　　　　）。

　　A. 合理　　　　　B. 牢固　　　　　C. 整齐　　　　　D. 方便

　　E. 定量

5. 仓库金属制品防锈的主要方法有（　　　　　）。

　　A. 改变金属性质　　　　　　　　B. 控制和改善储存条件

　　C. 涂防锈油　　　　　　　　　　D. 气相防锈

四、简答题

1. 物品堆码的方式有哪些? 它们各有什么优缺点?

2. 简述盘点的方法。

任务二　体验货物运配

一、判断题

1. 配送的活动空间比较大，它可以在不同地区、不同城市甚至不同国家之间进行。

　　　　　　　　　　　　　　　　　　　　　　　　　　　　　　（　　　）

2. 配送中心通常比运输需要的作业技术和作业水平更高。　　　（　　　）

3. 水路运输是我国运输业的骨干运输方式。　　　　　　　　　（　　　）

4. 配送不仅仅是送货。　　　　　　　　　　　　　　　　　　（　　　）

5. 配送是一种专业化分工的方式。　　　　　　　　　　　　　（　　　）

二、单项选择题

1. 我国最重要和普遍的运输方式是（　　　）。

　　A. 铁路运输　　B. 水路运输　　　C. 公路运输　　　D. 航空运输

2. 国际运输主要依靠（　　　）来完成。

　　A. 公路运输　　B. 铁路运输　　　C. 航空运输　　　D. 远洋运输

3. 速度快、不受地形限制是（　　　）的优点。

　　A. 航空运输　　B. 公路运输　　　C. 水路运输　　　D. 铁路运输

项目四　体验电子商务储运与客服

任务一　体验货物储存

一、判断题

1. 五五化堆码原则是以五为基本计算单位的堆码方法。　　　（　　）
2. 温度越低，金属锈蚀的速度越快。　　　（　　）
3. 盘点结束后，应依据管理绩效，对分管人员进行奖惩。　　　（　　）
4. 先进先出原则是商品仓库保管十分重要的一个原则。　　　（　　）
5. 灯距按严格规定，应控制在 0.1 ～ 0.3m。　　　（　　）

二、单项选择题

1. 商品霉腐的临界湿度是相对湿度的（　　　）。
   A. 65%　　　　　B. 70%　　　　　C. 75%　　　　　D. 80%
2. 下列不属于货垛的"五距"的是（　　　）。
   A. 柱距　　　　　B. 灯距　　　　　C. 墙距　　　　　D. 顶距
   E. 门距　　　　　F. 垛距
3. 下列是重叠式堆码缺点的是（　　　）。
   A. 稳定性差　　　B. 操作复杂　　　C. 难于计数　　　D. 占用面积大
4. 账面盘点法又称为（　　　）。
   A. 现货盘点法　　　　　　　　B. 永续盘点法
   C. 定期盘点法　　　　　　　　D. 循环盘点法
5. 出货和进货频率高的商品应放在靠近出入口、易于作业的地方，这是仓库保管作业的（　　　）。
   A. 相关性原则　　　　　　　　B. 面向通道原则
   C. 周转率原则　　　　　　　　D. 先进先出原则

三、多项选择题

1. 下列属于储存作业应当遵循的原则的是（　　　）。
   A. 面向通道原则　　　　　　　B. 相关性原则
   C. 先进先出原则　　　　　　　D. 水平直线原则
2. 仓储商品保管的中心环节就是控制好（　　　）。
   A. 温度　　　　　B. 氧气　　　　　C. 湿度　　　　　D. 害虫

电子商务物流实务　第2版

三、多项选择题

1. 播种式拣选方式的优点有（　　　　）。
   - A. 批量一次拣选完
   - B. 拣选路径短
   - C. 无须重复作业
   - D. 对客户订单有要求
2. 根据货物拣选的流程的不同，可以分为（　　　　）两种。
   - A. 人工式拣货
   - B. 摘取式拣选法
   - C. 电子辅助拣货
   - D. 播种式拣选法
3. 出库的拣选作业按照实施手段的不同可以分为（　　　　）。
   - A. 人工分拣
   - B. 自动分拣
   - C. 机械分拣
   - D. 订单分拣
4. 下列属于摘取式拣选法的缺点的是（　　　　）。
   - A. 在货物品种较多时，拣选路径长，易重复
   - B. 耗时间，效率低，不适合批量订单
   - C. 前置时间比较长，对于新的订单的到来可能无法及时反应
   - D. 对客户订单有要求，当订单上货物种类较多时容易带来分配工作的不便，适合少样多量订货
5. 人工拣选作业中常用的设备主要有（　　　　）。
   - A. 手推车
   - B. 周转箱
   - C. 万向球台
   - D. 无动力辊道

四、简答题

1. 周转箱作为拣选作业时的必备物流容器，使用时应注意哪些问题?

2. 比较摘取式和播种式拣选方式的不同。

四、简答题

1. 简述流通加工的一般步骤。

2. 流通加工有哪些类型？流通加工的作用有哪些？

任务五　体验货物分拣

一、判断题

1. 理货作业是出货最主要的前置工作。　　　　　　　　　　　　　　　（　　　）

2. 摘取方式是将需要配送的商品集中搬运到理货场，理货场按门店区分不同的货位，然后将商品分配到每一货位处。　　　　　　　　　　　　　　　　　　（　　　）

3. 采用拣选式配货可以按用户要求的时间，调整配货的先后次序。　　　（　　　）

4. 分货式配货工艺又称摘取式工艺。　　　　　　　　　　　　　　　　（　　　）

5. 提高拣选效率对于提高整个物流作业效率来说至关重要。　　　　　　（　　　）

二、单项选择题

1. 按订单或出库单的要求，从储存场所选出物品，并放置在指定地点的作业是（　　　）。

　　A. 分货　　　　　B. 拣选　　　　　C. 流通加工　　　　D. 保管

2. 电子标签拣选系统的英文缩写是（　　　）。

　　A. DAS　　　　　B. DPS　　　　　C. CAPS　　　　　D. CAQS

3. 订单变化较小，订单数量稳定的配送中心和外形较规则、固定的商品出货适合选用（　　　）拣货方式。

　　A. 播种式　　　　B. 摘取式　　　　C. 复合式　　　　　D. 分货式

4. （　　　）是比较传统的一种拣货方式，适合订单大小差异较大、订单数量变化频繁、商品差异较大的拣选，如：化妆品、家具、电器、百货、高级服饰等。

　　A. 摘取式拣选法　　　　　　　　　B. 人工拣选法

　　C. 电子拣选法　　　　　　　　　　D. 播种式拣选法

5. 把多份订单（多个客户的要货需求）集合成一批，先把其中每种商品的数量分别汇总，再逐个品种地对所有客户进行分货的拣选方式称为（　　　）。

　　A. 摘取式拣选法　　　　　　　　　B. 播种式拣选法

　　C. 复合拣选法　　　　　　　　　　D. 单一订单拣选法

二、单项选择题

1. 货品从生产地到使用地的过程中，根据需要施加包装、分割、分拣、组装等简单作业的活动称为（　　）。

    A. 包装　　　　　　　　　　　B. 运输

    C. 仓储　　　　　　　　　　　D. 流通加工

2. 将蔬菜、肉类洗净切块以满足消费者要求的流通加工类型是（　　）。

    A. 为促进销售的流通加工

    B. 为提高加工效率的流通加工

    C. 为衔接不同运输方式，使物流更加合理的流通加工

    D. 生产——流通一体化的流通加工

3. 流通加工的对象是（　　）。

    A. 原材料　　　　　　　　　　B. 半成品

    C. 成品　　　　　　　　　　　D. 进入流通过程的商品

4. 下列选项中不属于流通加工的合理化表现形成的是（　　）。

    A. 加工和配送结合　　　　　　B. 加工与配套相结合

    C. 合理设置流通加工　　　　　D. 流通加工地点设置在生产地区

5. 物流中起保护商品、方便流通及降低流通费用的是（　　）。

    A. 流通加工　　　　　　　　　B. 包装

    C. 仓储　　　　　　　　　　　D. 配送

三、多项选择题

1. 流通加工在物流中的重要性主要体现在（　　）。

    A. 有效完善流通功能　　　　　B. 是物流的重要利润来源

    C. 使运输更加便利　　　　　　D. 在国民经济中是重要的加工形式

2. 流通加工的内容包括（　　）。

    A. 袋装、分隔　　　　　　　　B. 定量化小包装

    C. 拴牌子、贴标签、刷标记　　D. 拣选、分类

3. 流通加工和一般的生产型加工的区别是（　　）。

    A. 加工方法　　　　　　　　　B. 加工对象

    C. 加工目的　　　　　　　　　D. 加工程度

4. 下列属于流通加工的作用的选项是（　　）。

    A. 弥补生产加工的不足　　　　B. 方便配送

    C. 提高劳动生产率　　　　　　D. 提高物流生产率

5. 下列属于流通加工的类型的是（　　）。

    A. 保存产品　　　　　　　　　B. 提高产品利用率，方便用户

    C. 提供物流效率，降低物流损失　D. 适应多样化需要

5. 禁止翻滚包装运输标志用于指示不得倾倒、倒置的运输包装件。　　（　　）

二、多项选择题

1. 装卸搬运作业的基本活动包括（　　　）、入库、出库以及联结上述各项动作的短程输送，是随运输和保管等活动而产生的必要活动。

    A. 装车　　　　　B. 卸车　　　　　　C. 堆垛　　　　　　D. 订单处理

2. 如果运输车辆与月台之间有一定的落差，为了作业安全与方便，可以采用（　　　）等工具。

    A. 可移动式楔块　　　　　　　　B. 升降平台

    C. 车尾附升降台　　　　　　　　D. 吊钩

3. 装卸搬运作业在操作过程中需遵循一定的原则，包括（　　　）。

    A. 有效作业原则　　　　　　　　B. 集中作业原则

    C. 简化流程原则　　　　　　　　D. 安全作业原则

    E. 系统优化原则

4. 一般要根据所配送货物的性质和包装来确定堆积的行、列、层数及码放的规律。堆积的方式包括（　　　）等堆码方式。

    A. 横列式　　　B. 纵列式　　　　C. 行列式　　　　　D. 直立式

三、简答题

1. 简述装卸搬运的特点。

2. 为了提高配送效率、降低配送成本和减少货损货差，装车堆积应遵循哪些原则？

任务四　体验流通加工

一、判断题

1. 流通加工对所有物流活动都是必要的。　　　　　　　　　　　　　　（　　）
2. 内包装既可以美化商品、吸引顾客，又可以保护商品。　　　　　　　（　　）
3. 流通加工是物流活动的七个基本职能之一。　　　　　　　　　　　　（　　）
4. 流通加工在时间效用和场所效用这两个功能方面十分重要，因此是物流的主要功能要素。　　　　　　　　　　　　　　　　　　　　　　　　　　　　（　　）
5. 职业道德就是适应各种职业要求而必然产生的道德规范。　　　　　　（　　）

二、单项选择题

1. 选择包装材料要考虑的要素不包括（　　）。
   A. 质优　　　　　B. 体轻　　　　　C. 面广　　　　　D. 美观
2. 包装用的金属材料主要有（　　）。
   A. 板材　　　　　B. 线材　　　　　C. 角铁　　　　　D. 以上三种
3. 木箱是一种传统的包装容器。常见的木箱有（　　）。
   A. 木板箱　　　　B. 框板箱　　　　D. 框架箱　　　　D. 以上三种

三、简答题

1. 简述商品包装的概念。

2. 常见的包装容器有哪些？

3. 采用各种包装技术或方法的目的是针对性地合理保护不同特性商品的质量。常见的包装方法包括哪些？

四、互动题

请举例说明我们日常生活中的一些商品所对应的包装方式。

任务三　体验装卸搬运

一、判断题

1. 装卸主要是指水平方向地改变"物"的存放状态和位置。　　　　　　　　（　　）
2. 装卸货物时，徒手一次只能搬运一件货物，不能有丢、摔、扔等暴力操作行为。
　　　　　　　　　　　　　　　　　　　　　　　　　　　　　　　　　　（　　）
3. 堆码极限标志中的"n"为实际堆码层数，印刷或喷涂时用阿拉伯数字表示。
　　　　　　　　　　　　　　　　　　　　　　　　　　　　　　　　　　（　　）
4. 装车堆积是指在具体装车时，为充分利用车厢载重量和容积而采用的方法。
　　　　　　　　　　　　　　　　　　　　　　　　　　　　　　　　　　（　　）

2. 企业调研常用的调研方式有（   ）。

  A. 问卷法   B. 访谈法

  C. 实地观察法   D. 文献资料分析法

3. 一般来说，配送中心区域大致可以分为（   ）、流通加工区、分货区、集货区、出货暂存区、出货月台、返品处理区和办公区等。

  A. 进货月台   B. 进货暂存区

  C. 托盘货架区   D. 拆零区

4. 配送中心的主要任务为（   ）。

  A. 分拣   B. 运输

  C. 存货清单管理   D. 包装

四、简答题

1. 简述电子商务物流配送中心调研工作的一般步骤。

2. 简述电子商务配送中心作业流程。

3. 绘制学校仓储配送实训室的区域分布图。

任务二 体验货物包装

一、判断题

1. 塑料包装材料的优点是物理性能、化学性能、光学性能好，质轻、易着色、可印刷、成本低。   （ ）

2. 纸质的包装容器有纸板箱、纸盒、纸袋、纸筒、纸杯以及纸浆模制包装等。

                            （ ）

3. 木箱包装材料的缺点是易潮、易变形开裂、易腐朽、易含蛀虫、资源有限，优点是价格较低。   （ ）

4. 周转箱是一种适于短途运输且可以长期重复使用的运输包装器具。 （ ）

项目三　体验电子商务配送中心作业

任务一　走进电子商务配送中心

一、判断题

1. 企业调研可以根据调研目的、内容和调研对象等因素，选择调研方法。

（　　）

2. 问卷调查法是通过座谈会、上门走访、现场访谈、电话访谈等，与企业相关人员直接交谈从而收集信息的方法。 （　　）

3. 进行调研工作时，几种调研方法可以搭配使用。 （　　）

4. 唯品会华东运营中心的物流作业系统主要包括收货、IQC、上架、分单、拣货、导件、播种上下架、包装、TMS 交接等环节。 （　　）

5. "三通一达"是指申通快递、圆通速递、中通快递、韵达速递 4 家民营快递公司的合称。 （　　）

二、单项选择题

1. （　　）是指根据用户要求，对物品进行拣选、加工、包装、分割、组配等作业，并按时送达指定地点的活动。

　　A. 送货　　　　B. 仓储　　　　C. 运输　　　　D. 配送

2. （　　）是电子商务物流作业系统中最重要的部分，也是商流最终得以实现的物流保证。

　　A. 仓储中心　　B. 配送中心　　C. 运输中心　　D. 流通中心

3. 下列不属于配送中心的特征的是（　　）。

　　A. 适合多种、大批量货物　　　　B. 为特定的用户服务

　　C. 辐射范围小　　　　　　　　　D. 以配送为主，存储为辅

4. 下列不属于配送中心功能的是（　　）。

　　A. 存储功能　　B. 信息处理功能　　C. 流通功能　　D. 集散功能

三、多项选择题

1. 要想完成调研方案的设计，必须明确（　　）。

　　A. 调研目的　　　　　　　　　　B. 调研地址

　　C. 调研方法　　　　　　　　　　D. 调研对象

二、单项选择题

1. 假如物流对于企业战略发展很关键，企业对客户服务要求高，物流成本占总成本的比重大，对资金回笼率需求高且企业拥有专业的物流管理人才，那么企业应首选（   ）模式。
    A. 第三方物流   B. 自营物流
    C. 物流联盟   D. 自建物流加第三方物流

2. 假如对企业来说，物流不是影响企业发展的核心因素，企业内部也没有专业的物流管理人才，对资金的回笼率需求不高，则可以考虑选择（   ）模式。
    A. 第三方物流   B. 自营物流
    C. 物流联盟   D. 自建物流加第三方物流

3. 在选择、评价服务商时，体现可靠性的是（   ）。
    A. 企业人员素质   B. 组织文化兼容性
    C. 作业可靠性   D. 从业经验

三、多项选择题

1. 物流服务的构成要素主要包括（   ）。
    A. 保证有货   B. 保证送达
    C. 保证服务质量   D. 保证速度最快

2. 以下属于评价物流企业成本方面的指标有（   ）。
    A. 作业成本   B. 较少投资   C. 财务能力   D. 交易成本

3. 利用层次分析法选择与评价物流服务商的基本步骤包括（   ）。
    A. 构造两两比较的判断矩阵
    B. 计算单一准则下元素的相对重要性，一般采用方根法进行近似计算
    C. 进行矩阵一致性检验
    D. 计算各层次上元素的组合权重

4. 物流服务的特点包括（   ）。
    A. 从属性   B. 不可储存性   C. 移动性和分散性
    D. 需求波动性   E. 差异性   F. 可替代性

四、简答题

请利用定性分析法为万向集团物流模式的选择提出建议（包括选择哪种物流模式；若非自营，应选择哪个合作商）。

4. 根据不同地区的快件进行整理和派发扫描环节，把这些作业归结到一个作业中心，这个作业中心被称为（　　　）。

    A. 分拣中心　　　B. 运输中心　　　C. 投递中心　　　D. 客服中心

三、多项选择题

1. 快递服务的特点包括（　　　）。

    A. 无形性　　　B. 不可存储性　　　C. 不可分离性　　　D. 时间重要性

2. 以下属于快递作业中心的是（　　　）。

    A. 分拣中心　　　B. 运输中心　　　C. 扫描中心　　　D. 投递中心

3. 基本服务是指大多数快递企业都会提供的服务，如（　　　）都属于基本服务的范畴。

    A. 门到门运输服务　　　　　　　　　B. 快件跟踪查询

    C. 理赔与投诉建议处理　　　　　　　D. 货款代收服务

4. 快递作业系统主要包括（　　　）。

    A. 下架　　　B. 上架　　　C. 拣货　　　D. 客户下单

四、简答题

1. 某电子商务企业将化学品样品交给快递员进行递送，但在运输过程中发生泄露，化学品沾到其他快递包裹上，导致包裹收件人受到伤害。请问快递企业是否应当承担相应责任？为什么？

2. 快递是电子商务发展中至关重要的一环，理解快递流程至关重要。你所知道的快递流程包括哪些？

任务三　选择合适的物流服务

一、判断题

1. 第三方物流随着物流业的发展而发展，是物流专业化的重要形式，物流业发展到一定阶段必然会出现第三方物流。　　　　　　　　　　　　　　　　　　　　　（　　　）

2. 在大件货物的运输上，物流比快递更具有优势。　　　　　　　　　　（　　　）

3. 企业评价和选择物流服务的决策方法是定性决策法。　　　　　　　　（　　　）

4. 物流服务对象的需求在方式和数量上基本没有变化，供需稳定。　　　（　　　）

5. 某大型制衣企业可以找德邦物流运送该企业的制成品。　　　　　　　（　　　）

3. 以下属于传统物流服务的是（   ）。
    A. 储存服务   B. 包装服务
    C. 物流信息处理服务   D. 装卸搬运服务
4. 以下属于增值性服务的是（   ）。
    A. 销售包装   B. 24 小时营业
    C. 自动订货   D. 物流全过程追踪
5. 以下属于快递服务与物流服务区别的是（   ）。
    A. 快递服务适用于个人，物流服务适用于企业
    B. 快递服务送货上门，物流服务客户自提
    C. 快递服务速度快、运价较高，物流服务速度慢、运价较低
    D. 快递服务按重量收费，物流服务按体积收费

四、简答题

电子商务物流服务的内容主要有哪些？

任务二　选择合适的快递服务

一、判断题

1. 快递企业的价格必须完全按照总公司的定价收取，不得有变动。   （   ）
2. 快递服务不能储存，快递企业在为客户提供服务之后，快递服务过程就结束了。
                                                           （   ）
3. 运费到收服务是基础服务项目之一。   （   ）
4. 在调研过程中，同学们只要完成总目标即可，无须制定小目标。   （   ）
5. 快递并不一定要依附于商流，它可以单独存在。   （   ）

二、单项选择题

1. 以下不是快递的运输方式的是（   ）。
    A. 公路   B. 管道   C. 铁路   D. 空运
2. 同一岗位的员工的行为表现会因为提供快递服务的人物、时间、地点的不同而有所差异，提供的物流服务也就不同，这体现的是快递服务的（   ）。
    A. 无形性   B. 从属性   C. 特殊性   D. 差异性
3. 交寄中心的工作不包括（   ）。
    A. 下单   B. 取件   C. 验视封装   D. 整理快件

· 7 ·

项目二　走进电子商务物流服务

任务一　认识电子商务物流服务

一、判断题

1. 物流服务具有速度快、价格高的特点。　　　　　　　　　　　　　（　　）

2. 电子商务物流服务主要包括两方面内容：传统物流服务、增值性物流服务。

（　　）

3. 电子商务物流服务中物流的包装作业目的是改变商品的销售包装。　（　　）

4. 流通加工功能的主要目的是方便生产或销售，专业化的物流中心常常与固定的制造商或分销商进行长期合作，为制造商或分销商完成一定的加工作业。　（　　）

5. 快递服务的服务对象是个人，一般运价按物品的体积收费。　　　　（　　）

二、单项选择题

1. 以下不属于传统物流服务的是（　　　　）。
   - A. 装卸搬运服务
   - B. 降低成本服务
   - C. 物流信息处理服务
   - D. 流通加工服务

2. 以下不属于快递服务特点的是（　　　　）。
   - A. 送货上门
   - B. 服务对象是个人
   - C. 运输速度快
   - D. 物品体积大

3. （　　　　）是为了加快商品的流通速度而必须具备的服务。
   - A. 流通加工服务
   - B. 储存服务
   - C. 装卸搬运服务
   - D. 延伸服务

4. 以下不属于物流服务特点的是（　　　　）。
   - A. 按体积收费
   - B. 运输的一般是大型货物
   - C. 服务对象是企业
   - D. 送货上门

三、多项选择题

1. 电子商务物流服务的内容是（　　　　）。
   - A. 传统物流服务
   - B. 延伸服务
   - C. 增值性物流服务
   - D. 降低成本的服务

2. 以下属于增值性物流服务的是（　　　　）。
   - A. 增加便利性的服务
   - B. 降低成本的服务
   - C. 延伸服务
   - D. 加快反应速度的服务

4. 电子商务物流企业在选择物流模式时，通常要考虑的因素有（　　　　）。

　A. 物流活动是否在本企业发展中具有战略核心地位

　B. 企业的物流能力与其产品的性质是否匹配

　C. 企业是否具有物流管理能力

　D. 物流模式是否能满足本企业柔性的要求

　E. 物流成本与费用的高低

5. 企业销售渠道仅限于网上的有（　　　　）。

　A. 苏宁　　　　　B. 国美　　　　　C. 当当网　　　　　D. 聚美优品

　E. 乐蜂网

四、简答题

1. 比较分析电子商务企业采用自营物流模式、第三方物流模式和物流联盟模式的优缺点。

2. 作为电子商务网店店主，在选择快递企业时应注意什么问题？

4. 小型的 B2C 电子商务企业首先要关注的问题并不是物流问题，而是企业自身的生存问题，应该考虑的是如何采用成本较低、信誉较好的第三方物流企业。

（　　　）

5. 层次分析法中，对于所有企业，规则层都可以表示为成本因素、服务因素、环境因素和内部因素四个方面。（　　　）

二、单项选择题

1. 电子商务物流模式主要是指在（　　　）下，以市场为导向，以满足客户需求为宗旨，获取系统整体效益最优化的适应现代社会经济发展要求的电子商务物流运作模式。

    A. 电子商务   B. 市场化

    C. 现代物流   D. 一体化

2. 电子商务企业自建物流，并对外提供物流服务时，可以说物流对该企业成功的影响程度（　　　）。

    A. 高   B. 低

    C. 一般   D. 不好说

3. 如果你是淘宝网的一个普通店主，月营业额约为 10 000 元，你会选择（　　　）。

    A. 自营物流模式   B. 外包给第三方物流

    C. 外购公共性物流服务   D. 物流联盟模式

4. 若物流对企业成功的影响程度高，企业处理物流的经营能力相对较低，宜选择（　　　）模式。

    A. 第三方物流   B. 自营物流

    C. 物流联盟   D. 其他

5. （　　　）就是确定适合企业自身长期发展的物流模式目标，如规模最大化、利润最大化、可持续发展最大化等。

    A. 目标层   B. 方案层   C. 要素层   D. 规则层

三、多项选择题

1. 物流联盟的主要形式有（　　　）。

    A. 合资式联盟   B. 松散式联盟

    C. 契约式联盟   D. 紧密式联盟

2. 从产权的角度来看，电子商务物流模式主要有（　　　）。

    A. 自营物流模式   B. 第三方物流模式

    C. 现代物流模式   D. 物流联盟模式

    E. 传统物流模式

3. 第三方物流模式的主要优点有（　　　）。

    A. 有利于企业集中于核心业务   B. 减少企业在自建物流时的巨大投资

    C. 有利于获得物流技术及管理经验   D. 有利于提升市场服务水平

    E. 降低企业经营风险

4. 目前，物流企业管理的核心在于如何（　　　）。

    A. 控制成本　　　　　　　　　　B. 节能减排

    C. 获取更多客户　　　　　　　　D. 提供高质量的服务

三、多项选择题

1. 乡镇等下沉市场存在（　　　）等特点。

    A. 人口密度小　　　　　　　　　B. 需求密度低

    C. 服务范围大　　　　　　　　　D. 配送成本高

2. 一体化配送中心提供（　　　）。

    A. 仓储和运输服务

    B. 开展配货、配送和各种提高附加值的流通加工服务项目

    C. 按客户的需求提供其他服务

    D. 门到门的配送服务

3. 物流信息化表现为（　　　）。

    A. 商品代码和数据库的建立　　　B. 运输网络合理化

    C. 销售网络系统化　　　　　　　D. 物流中心管理电子化

4. 电子商务物流的发展趋势主要包括（　　　）。

    A. 多功能化　　B. 一流服务　　　C. 信息化　　　　D. 全球化

    E. 绿色化

四、简答题

1. 简述我国电子商务物流的发展现状。

2. 简述电子商务物流的发展趋势。

任务三　认识电子商务物流模式

一、判断题

1. 物流联盟模式的实质就是自建物流加第三方物流的模式。　　　　　　（　　　）

2. 自建物流有较多优势，且投资不大，中小型电子商务企业都可以采用。

                                           （　　　）

3. 从决策过程来看，功能分析法更侧重于物流功能的分析，而对物流功能战略的分析，特别是物流成本和服务水平放在较次要的位置。　　　　　　　　　　　　（　　　）

3. 电子商务交易一般需要具备（　　　　）三项基本要素。

　　A. 客流　　　　　B. 物流　　　　　C. 信息流　　　　　D. 资金流

4. 第三方物流是指由独立于物流服务（　　　　）之外且以物流服务为主营业务的组织提供物流服务的模式。

　　A. 第一方　　　　B. 第二方　　　　C. 第三方　　　　D. 第四方

四、简答题

1. 什么电子商务物流？

2. 简述现代物流与电子商务的关系。

任务二　认识电子商务物流的昨天、今天和明天

一、判断题

1. 目前，我国物流业能够提供全链条、一体化、现代化的综合物流服务。

（　　　　）

2. 同城即时配送行业是我国物流行业增长速度最快、关注度最高的细分领域之一。

（　　　　）

3. 得益于农村电商政策的连续性和稳定性，我国农村电商物流体系正在逐步完善，配送服务已在全国范围内实现全覆盖。　　　　　　　　　　　　　　（　　　　）

4. 绿色物流要求物流企业把节约资源、保护环境放在首位。　　　　（　　　　）

5. 物流信息化是现代物流的灵魂，是现代物流发展的必然要求和基石。

（　　　　）

二、单项选择题

1. 物流（Physical Distribution）一词最早出现于（　　　　）。

　　A. 美国　　　　　B. 英国　　　　　C. 日本　　　　　D. 德国

2. 物流业是一种（　　　　）行业。

　　A. 生产性　　　　B. 生活性　　　　C. 服务性　　　　D. 消费性

3. （　　　　）已成为全球关注的焦点，各大电商企业纷纷在各个物流环节展开绿色行动，并初见成效。

　　A. 节能物流　　　B. 绿色物流　　　C. 回收物流　　　D. 农村电商物流

项目一 走进电子商务物流

任务一 认识电子商务与物流的关系

一、判断题

1. Internet 是电子商务的基础，是商务、业务信息传递的载体。 （　　）

2. 电子商务物流是物流业在电子商务新时期演变成长的全新物流业态。

（　　）

3. 物流增值服务一般是指在完成传统的物流基本功能服务的基础上，根据客户需要提供各种延伸业务活动。 （　　）

4. 在电子商务环境中，安全性并不是一个至关重要的核心问题。 （　　）

5. 第三方物流是非专业的物流企业。 （　　）

二、单项选择题

1. 物流最直接的解释，是指物的（　　）流动。
   A. 资金　　　　　B. 实体　　　　　C. 信息　　　　　D. 商流

2. （　　）是目前物流业的主要组织形式。
   A. 自营物流　　　　　　　　　B. 物流联盟
   C. 第三方物流　　　　　　　　D. 第四方物流

3. 电子商务使制造业和零售业实现"零库存"，实际上是把库存转移给了（　　）中心，使之成为整个社会的仓库。
   A. 快递　　　　　B. 配送　　　　　C. 仓储　　　　　D. 物流

4. （　　）的推动是电子商务环境下提高物流水平的关键因素。
   A. 高素质、高层次人才　　　　B. 信息技术
   C. 国家政策　　　　　　　　　D. 物流业发展

三、多项选择题

1. 电子商务物流是指基于（　　　　），包括软体商品（或服务）的网络传送和实体商品（或服务）的物理传送。
   A. 商流　　　　　　　　　　　B. 信息流
   C. 资金流　　　　　　　　　　D. 网络化的物资或服务的配送活动

2. 物流硬件基础设施包括（　　　）。
   A. 货运场站　　　　　　　　　B. 物流园区
   C. 中转分拨中心　　　　　　　D. 物联网

· 1 ·

序曲 乙

（续）

序号	步骤图示	步骤说明
7		操作计算机或手持终端，完成分拣系统结束确认操作
8	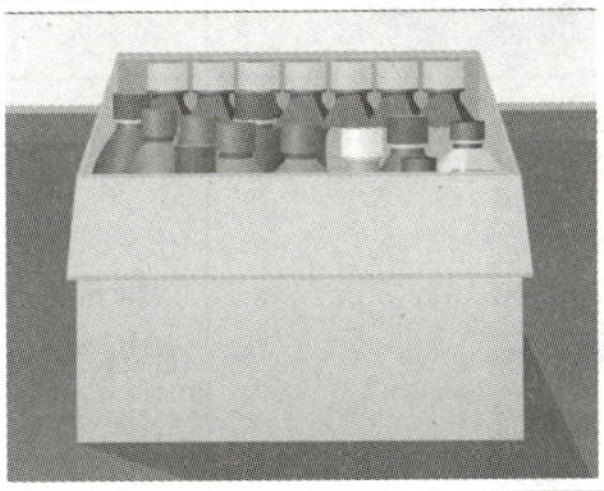	将货物搬运至操作台，对货物进行复核并装箱
9		进行封箱、粘贴客户标签等打包作业
10		将打包好的货物搬运至发货暂存区，并对所有设备进行归位，清洁作业现场

表 3-28　播种式分拣操作步骤

序号	步骤图示	步骤说明
1	汇总拣选单（客户序号、货品名称、单位、数量；门店编号；1 统一冰红茶 瓶 17；2 统一阿萨姆奶茶 瓶 7；3 康师傅天然水 瓶 11；4 康师傅红枣汁 瓶 5）	正确处理客户订单，根据货物配送情况，制作汇总拣选单
2		拿取汇总拣选单及所需拣选设备到达拣选区，准备播种式拣选作业

（续）

序号	步骤图示	步骤说明
3		根据汇总拣选单信息内容，将所需拣选的全部货物从货架上拣选至物流箱内
4		拣选完毕，将拣出的所有货物搬运至分拣货架区，准备播种作业
5	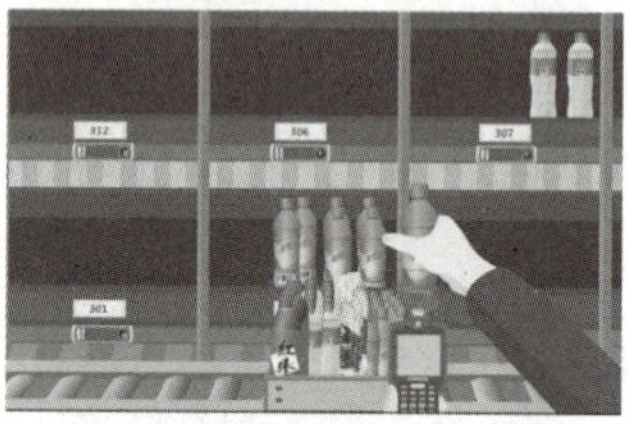	利用手持终端对需要播种货物的标签按货物种类依次进行扫描，激活电子标签
6	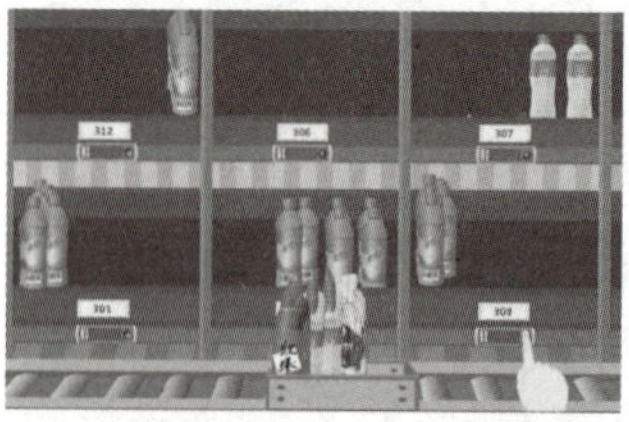	根据电子标签提示按客户类别进行播种作业，每完成一种货物的播种作业就按灭电子标签旁的确认键
7		按照步骤5~6的操作要求，进行其余类别货物的播种操作。待所有货物播种完毕，分拣货架上的蜂鸣器会自动发出声音，按灭蜂鸣器旁的确认键
8		将播种完毕的货物以客户为单位从货架上取下，搬运至包装作业区

项目三　体验电子商务配送中心作业

（续）

序　号	步骤图示	步骤说明
9	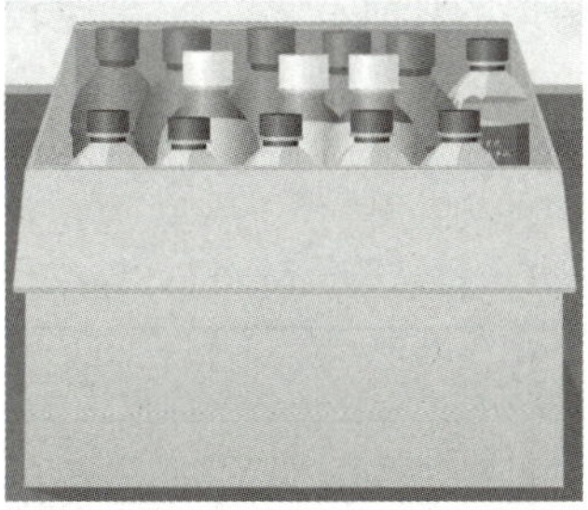	根据客户分拣单依次对所有客户的货物进行复核及装箱
10		进行封箱、粘贴客户标签等打包操作
11		分别将打包完毕的货物放至各自的发货暂存区，并对所有设备进行归位，清洁作业现场

注意事项：在操作过程中，注意货物要轻拿轻放，避免损坏货物以造成损失。按灭确认键时要注意正确操作，以防损坏按键。此外，核对数量时要严格按照单据项目逐条核对，避免主观臆断。

步骤四：各组组长对本组成员进行评分，每组各派 1 名代表为其他组评分。

组长根据小组成员团队合作和完成任务情况进行评分。各组评分代表进行评分，评分代表所评的平均分为该组得分，评分代表不得对本组发言进行评分。

知识链接

分拣作业是指拣货员在获取拣货信息后，按照一定的方式对货物进行拣取，是物流出库作业的重要环节之一。在电子商务企业中，分拣成本是企业作业成本的主要组成部分，分拣作业也是所有作业中最耗体力的环节之一，因此，提高拣选效率对于提高整个电子商务物流作业效率至关重要。

一、分拣方式

出库的拣选作业按照其实施手段不同可以分为人工分拣、机械分拣和自动分拣三大类；

按照拣选流程的不同可以分为摘取式拣选法和播种式拣选法。

摘取式拣选法是针对每一份订单（即每个客户）进行拣选操作，拣货人员或设备巡回于各个货物储位，将所需的货物取出，形似摘果的作业过程。它是比较传统的一种拣货方式，适合订单大小差异较大、订单数量变化频繁、商品差异较大的拣选，如化妆品、家具、电器、百货、高级服饰等。其优缺点见表3-29。

表3-29 摘取式分拣法的优缺点

优 点	缺 点
1. 拣选操作简单灵活、分工均匀、责任明确 2. 每人每次只处理一份订单或一个客户，前置时间短 3. 前期工作较少，后期工作量大，简单易操作，临时性调整容易 4. 货物导入容易，且弹性大，适合少量多样订货 5. 拣货后不用再进行分类作业，适用于大批量订单的处理	1. 在货物品种较多时，拣选路径长、易重复 2. 耗时且效率低，不适合批量订单 3. 拣选过程中无法及时发现拣货差错 4. 频繁往返于储位间进行作业，容易造成储位及库存的不准确

播种式拣选法是把多份订单（多个客户的要货需求）集合成一批，先把其中每种商品的数量分别汇总，再逐个品种地对所有客户进行分货，形似播种的操作，适合订单数量庞大的商品出货。对于订单变化较小且订单数量稳定的配送中心和外形较规则、固定的商品出货可以选择播种式拣选。除此之外，需要进行流通加工的商品也适合采用播种式拣选。播种式拣选法的运用有利于提高拣货作业的效率。其优缺点见表3-30。

表3-30 播种式分拣法的优缺点

优 点	缺 点
1. 二次分配时所形成批次货物的复核可以大大提高拣货作业的正确率 2. 相同的订单量，相比于摘取式拣选，拣选路径较短，且同一路径上无须重复作业 3. 批量一次拣选完商品的总量，无须往返于储位间操作，有助于稳定储位及库存的准确性	1. 每次处理多份订单或多个客户，前期工作量大，特别是订单处理方面，需要对订单进行二次分配，后期工作量相对较小。整个流程对客户订单有要求，操作复杂，难度系数相对较大 2. 前置时间比较长，对于新订单的到来可能无法及时反应 3. 对客户订单有要求，当订单上货物种类较多时容易带来分配工作的不便，适合少样多量订货

> **小知识**
>
> （1）拣货的方法：按订单的数量分类，可以分为单一分拣式和批量分拣式；按人员分配分类，可以分为一人分拣式、多人分拣式和分区分拣式；按人货互动分类，可以分为货物固定人员走动式和人员固定货物移动式。
>
> （2）拣货路径：拣货路径可以分为无顺序分拣路径和有顺序分拣路径。
>
> （3）拣货工具：按照货位大小、数量及储存位置的不同，可以选择拣货篮、拣货车、地牛、叉车、梯子等拣货工具。

二、拣选设备

在电子商务企业的货物分拣作业中，常用的拣选设备主要有8种（见表3-31）。

表 3-31　常用拣选设备

序　号	设备名称	图　片	说　明
1	周转箱		周转箱又称"物流箱"，具有无毒、无味、防潮、耐腐蚀、质量轻、可堆叠、清洁方便、周转便捷等优点，是出入库作业中常用的物流容器
2	手推车		手推车主要以人力推或拉进行作业，造价低廉、维护简单、操作方便、自重轻，并能在机动车辆不便使用的地方工作
3	万向球台		通过万向球的灵活滚动，使在其上运行的工作板、物料箱等工具在盛装货物的情况下，能非常灵活地滑移，降低工人的劳动强度，广泛运用于流水线的输送、过渡、转弯等场合
4	无动力辊道		通过人推拉工件或工件挤压工件的方式，在外力或重力作用下，通过可灵活转动的辊筒移动。结构简单、稳定可靠，维修方便，性价比高，极大地减轻了搬运、装卸等工作的强度，提高了工作效率
5	笼车		笼车是一种用来运送和储存物料的单元移动集装设备。置物空间较大且应用灵活，可折叠收藏不占空间，机动性较高，科学设计，结构合理，安全美观，是物流业、生产产业的搬运利器
6	电子标签拣选系统（DPS）		通过货架上电子标签显示的客户编号、物流箱编号、拣货数量等信息，指示仓库拣货人员拣取货物的装置
7	流利式货架		利用货物台架的自重，使货物或周转箱、纸箱等滑动容器从一边通道进行存货，另一边通道取货，达到先进先出目的的物流设备
8	控制器		按照预先设定的顺序，通过改变主电路或控制电路的接线和电路中的电阻值来控制电动机的启动、调速、制动和反向的装置

> **小知识**
>
> 周转箱作为拣选作业时必备的物流容器，使用时应注意以下事项：
> （1）轻拿轻放，防潮防尘，严禁将货物从高处抛掷到周转箱内。
> （2）均匀放置，合理确定货物在周转箱内的堆放方式。
> （3）单箱货重不超过箱子最大承重，且不可满装。周转箱堆垛使用时，应考虑周转箱承重，堆垛高度要合理。
> （4）存放特殊货物要注意使用过程中的清洁，防止货物直接与箱底接触，造成产品污染或受损。
> （5）应尽量避免阳光暴晒，引起周转箱老化，缩短其使用寿命。
> （6）注意不同商品在周转箱内存放时的兼容性。

任务评价

	考评项目	分值/分	组内评价	他组评价	教师评价	实际得分
考评标准	分拣方式分析恰当准确	10				
	认识并会使用各种分拣工具	10				
	摘取式拣选作业流程完整	30				
	播种式拣选作业流程完整	30				
	语言表达	10				
	团队合作	10				
	合　　计	100				

注：实际得分＝组内评价×30%＋他组评价×30%＋教师评价×40%。

知识拓展

常见的复合拣选方式

为克服摘取式和播种式拣选的缺点，可以采用将两种方式组合起来的复合拣选方式。复合式拣选是指根据订单的品种、数量及出库频率，确定哪些订单适合采用按订单拣取，哪些订单适合采用批量拣取，分别采取不同的拣货方式。

常见的复合拣选方式有以下几种：

（1）播种式＋摘取式。将所有订单汇总，把订单上的所有商品全部分拣出来，放置在顾客订单分拣区，然后按照顾客订单依次进行拣选。这种拣选方法适用于少品种、多订单的拣选。

（2）播种式＋播种式。先将订单汇总一次，然后把一定数量的汇总单再汇总一次，按照二次汇总单将商品全部分拣出来，无须上架，按照顾客订单编码和拣选的顺序进行播种式操作，把二次汇总单变为一次汇总单；最后再进行二次播种，将一次汇总单变为顾客订单。这种拣选方法适用于多品种、多订单的拣选。

（3）播种式与摘取式一次完成。将订单汇总一次，形成一次汇总单，借助无线扫描设备，在播种式拣选的同时完成摘取。这种拣选方式主要适用于多品种、多订单的拣选。

目前大多烟草企业都采用复合式拣选方式。在采用复合拣选方式时一般都使用电子标签拣选货架和自动化分拣设备等现代化拣选设备。

项目四

体验电子商务储运与客服

任务一　体验货物储存

任务目标

1．掌握货物堆码的方式和要求；
2．掌握仓库货物变异的影响因素和防治方法；
3．掌握货物盘点的方法；
4．培养良好的职业素养和团队精神。

任务描述

北京京东世纪贸易有限公司是国内知名的自营式电子商务企业，集团旗下设有京东商城、京东金融、京东智能等品牌。

截至2020年，京东物流在全国范围内运营着超过800个仓库，物流大件和中小件网络已实现行政区县近100%覆盖，90%区县可以实现24小时达，自营配送服务覆盖了全国绝大多数人口，超90%自营订单可以在24小时内送达。如此庞大的仓储系统，保证了京东商城能在最短的时间把货物送达顾客手里。在京东商城的仓储中心储存着大量的货物，如何保管好这些货物成了仓储中心的一项重要工作。下面同学们就要扮演仓储中心的部分角色，体验货物的储存，包括货物的堆码、养护和盘点。任课教师可以带领同学们到当地的仓储中心或者利用学校自有的实训室完成本次体验。

任务实施

步骤一：班级成员分组。

（1）全班同学分成三个大组，第一大组的体验任务是货物的堆码技术，第二大组的体验任务是货物的养护,第三大组的体验任务是货物的盘点。体验任务完成以后,可以进行任务轮转,让所有学生都能体验到货物储存的三个任务。

(2)每个大组根据学生人数的多少,再分为若干个4~6人的小组,选出小组长。由小组长组织本组同学完成体验任务,任课教师在旁边负责监督和辅导。

(3)分组结构如图4-1所示。

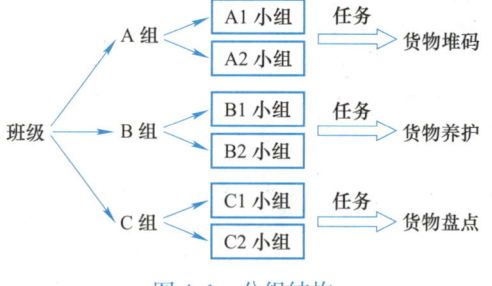

图4-1 分组结构

步骤二:体验货物堆码。

教师需准备的体验货物堆码的道具如下:正方形货物50个、长方形货物50个、圆柱形货物50个、板片状货物50个,以上货物的数量和种类可根据学校和班级情况适当增加或减少。

合理选择4种以上的方法,对教师提供的货物进行堆码,要求如下:

(1)每一垛的数量须为5或5的倍数。

(2)货垛要堆叠牢固、整齐。

(3)操作技术正确,注意安全。

(4)具备良好的职业素养。

步骤三:体验货物养护。

教师需准备的体验货物养护的道具如下:温湿度计10个(用于仓库温湿度管理)、防腐剂约5kg、刷子60把、皮革制品30件、纸制品30件、喷壶10个(用于仓库物品的霉腐防治)、未生锈的金属制品30个、生锈的金属制品30个、气相防锈纸和石蜡纸各30张、塑料袋30个、砂纸30张、钢丝球30个、油漆和防锈油各1罐(用于仓库金属制品锈蚀的防治)。

1. 仓库温湿度管理

用温湿度计记录库内外的温度和湿度,并填写仓库温湿度记录表,根据货物的特性灵活调节仓库内的温湿度,见表4-1。

表4-1 仓库温湿度记录表

年 月

班级		组员		组长	
仓库名称		储存商品			
适宜温度			适宜相对湿度		

日期	上午					下午					记录人(签名)
	温度/℃	相对湿度(%)	调节措施	采取措施后		温度/℃	相对湿度(%)	调节措施	采取措施后		
				温度/℃	相对湿度(%)				温度/℃	相对湿度(%)	
1											
2											
3											

温湿度调节记录

（续）

日期	温湿度调节记录										
	上午					下午					记录人（签名）
	温度/℃	相对湿度(%)	调节措施	采取措施后		温度/℃	相对湿度(%)	调节措施	采取措施后		
				温度/℃	相对湿度(%)				温度/℃	相对湿度(%)	
4											
5											
6											
7											
8											
9											
10											
11											
12											
13											
14											
15											
16											
17											
18											
19											
20											
21											
22											
23											
24											
25											
26											
27											
28											
29											
30											
31											
汇总分析	月最高温度		月最低温度		月平均温度		月最高相对湿度		月最低相对湿度		月平均相对湿度

2. 仓库货物霉腐的防治

（1）化学防霉。

1）各组分别将防霉剂涂刷在皮革、纸张上防霉。

2）各组分别将防霉剂装入喷壶内，在仓库内进行喷洒，防霉消毒。

（2）紫外线灯防霉。

各组定期打开紫外线灯照射商品，达到用紫外线杀灭霉菌的目的。

（3）晾晒。

1）对于不怕日晒的物资，可摊在阳光下暴晒。

2）对不宜暴晒的物资，可在通风的条件下摊晾。

3. 仓库金属制品锈蚀的防治

（1）各组用软毛刷在金属制品表面涂刷一层防锈油，涂刷防锈油时要注意涂抹均匀，覆盖金属制品的表面并保持地面清洁。

（2）各组用气相防锈纸包装金属制品，然后在外面用石蜡纸或塑料袋包装，要注意密封的效果。

（3）各组用软毛刷在金属表面均匀地涂上一层油漆，涂刷油漆防锈的要求与涂刷防锈油防锈的要求是一致的。

（4）各组用沙子、钢丝球对金属表面进行除锈，进行此操作时需注意安全。

步骤四：体验货物盘点。

教师需准备的体验货物盘点的道具如下：需盘点的货物一批，盘点票50张，盘点记录表、盘点盈亏表各20张。

（1）小组成员分工，每4人为一组，其中初盘人员2人，一人负责清点货物，另一人负责计数；复盘人员2人，分工如初盘人员。

（2）由初盘人员盘点仓库物资，并填写盘点票和盘点记录表，见表4-2和表4-3。

（3）由复盘人员盘点仓库物资，并填写盘点票和盘点记录表。

（4）如初盘和复盘数量有差异，复盘人员与初盘人员做好复核确认，并填写盘点记录表。

（5）盘点完毕，从实物处取下盘点票。

（6）教师提供物资账目数量一套，学生进行盈亏分析，并填写盘点盈亏表，见表4-4。

表4-2　盘点票

日　　期：	NO.
物资编号：	
品名规格：	
单　　位：	
数　　量：	
初盘人签名：	
复盘数量：	
复盘人签名：	
备　　注：	

表 4-3　盘点记录表

盘点日期：_____　　　　　　　　　　　　　　　　　　　　　　　　　　页数：

序号	盘点票号	物资编号	品名	规格	单位	初盘数量	复盘数量	确认数量	备注

初盘员签名：　　　　　　　　　　　　　　　　　　　　　　　　　　　　复盘员签名：

表 4-4　盘点盈亏表

　　　　　　　　　　　　　　　　　　　　　　　　　　　　　　　　　　　　　　　日期：

序号	盘点票号	物资编号	品名	规格	单位	实盘数量	账目数量	差异数量	单价	差异金额	差异原因

主要事项说明：

制表：　　　　　　　　　　　　　　　　　　　　　　　　　　　　　　　　审核：

知识链接

微课05 体验货物储存

一、货物堆码相关知识

1. 堆码的概念

堆码又称为堆垛、堆桩,是指将物品整齐、规则地摆放成货垛的作业。

2. 仓库保管作业的原则

(1) 周转率原则。根据出入库频率选定存放位置,出货和进货频率高的货物应放在靠近出入口、易于作业的地方;流动性差的货物放在距离出入口稍远的地方;季节性货物则依据其季节特性来调整位置,如图4-2所示。

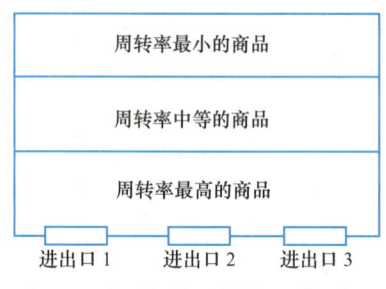

图4-2 商品保管周转率原则示意图

(2) 先进先出原则。这是货物仓库保管十分重要的一个原则,是指货物在出库时,按照先入库的货物先出库的原则进行操作。对于易变质、易破损、易腐败的货物,应尽可能按先进先出的原则存放,加快周转。

(3) 产品相关性原则。相关性大的货物经常被同时订购,尽可能存放在相邻位置,可以缩短出库备货路程,减少工作人员的工作量,也便于查找清点。

(4) 产品互补性原则。互补性高的货物应存放于相邻位置,以便某品项缺货时可以迅速找到替代品。

(5) 面向通道原则。为了使货物出入库方便,便于仓库作业人员上架存放和取出货物,应将货物可识别标识面向通道,提高储存、拣选等作业的效率。

(6) 高层堆码原则。为了有效利用仓储容积,提高仓容利用率,应尽可能将货物向高处码放。遵循这一原则必须考虑物品的重量、包装的抗压能力及仓储地面的承受力。一般为了保证安全,应尽可能采用货架保管货物。

(7) 五五堆放原则。以5或5的倍数在固定区域内堆放,使货物"五五成行、五五成方、五五成包、五五成堆、五五成层",堆放横竖对齐,上下垂直,过目知数,如图4-3所示。

图4-3 "五五化"堆码

3. 货物堆码的方式

(1) 重叠式堆码。逐件逐层地向上重叠堆码而成货垛,垛顶成平面,垛型成长方体或正方体,如图4-4所示。

优点：操作简单，易于计数。
缺点：稳定性较差，容易倒垛。
适用物资：板材、箱类和桶类等货物。

（2）纵横交错式堆码。第一层成横向放置，第二层成纵向放置，相邻两层货物的摆放呈90°，逐层交错堆放，如图4-5所示。

优点：货垛稳定，不易倒垛。
缺点：操作复杂，层边货物容易滑落。
适用物资：长条形的货物，如钢条、木条和箱类等。

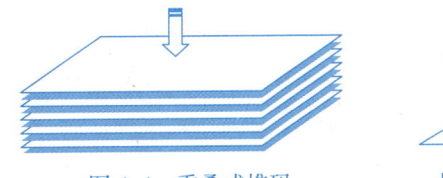

图4-4　重叠式堆码　　　图4-5　纵横交错式堆码

（3）压缝式堆码。将垛底的底层排列成正方形或长方形，上层起压缝堆码，每件货物压住下层的两件货物，如图4-6所示。

优点：货垛稳固，不易倒垛。
缺点：每层堆码数量不一致，不易计数。
适用物资：箱型、圆柱形等货物。

（4）仰伏相间式堆码。将货物一层仰放，再一层伏放，仰伏相间相扣，如图4-7所示。

优点：货垛极为稳固。
缺点：操作复杂。
适用物资：上下两面有大小差别或凹凸的货物，如钢轨、槽钢、角钢等。

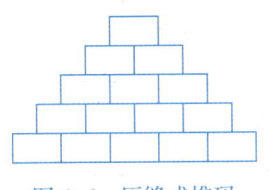 

图4-6　压缝式堆码　　　图4-7　仰伏相间式堆码

（5）通风式堆码。货物在堆码时，每两件相邻的货物之间留有空隙，以便通风，如图4-8所示。

优点：有利于货物通风散热。
缺点：货垛占用的面积较大。
适用物资：需要通风散热的货物。

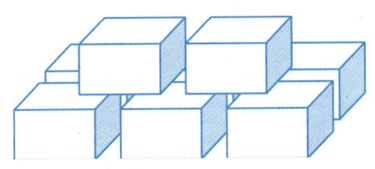 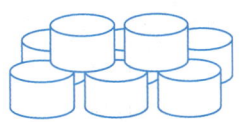

图4-8　通风式堆码

（6）栽柱式堆码。在货垛两旁分别栽上两至三根木柱或者钢棒，然后将货物平铺在柱中，每隔几层便在两侧对应的柱子上用铁丝拉紧，以防倒塌，如图4-9所示。

优点：货垛牢固，不易倒塌。

缺点：操作复杂。

适用物资：棒材、钢管、圆钢等长条状货物。

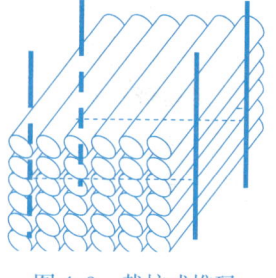

图4-9 栽柱式堆码

4. 货物堆码的基本要求

（1）合理。即垛形必须适合货物的性能特点，不混垛、不互压，先进先出；货垛行数和层数力求成整数，便于清点和收发作业。若过秤货物不成整数，应分层表明重量。

（2）牢固。货垛必须不偏不斜、不压坏底层物资，确保堆垛安全牢固。

（3）整齐。成行成列，标识向外，便于查找。

（4）方便。为装卸搬运检查、物流作业提供方便。

（5）定量。过目成数，便于计数和检查。

（6）节约。一次堆码，减少重复搬运；节约用料，堆码紧凑，节省仓位。

5. 货垛的"五距"

货垛的"五距"是指墙距、柱距、顶距、灯距和垛距。

（1）墙距。墙距是指货垛与墙的距离，主要是防止渗水，便于通风散潮。外墙距是指货垛离有窗户墙体的距离，一般距离为0.1～0.5m；内墙距是指货垛离没有窗户墙体的距离，此处潮气相对少些，一般距离为0.1～0.3m。

（2）柱距。柱距是指货垛与屋柱之间的距离，主要是为了防止货物受潮和保护仓库建筑物的安全，一般距离为0.1～0.3m。

（3）顶距。顶距是指货垛的顶部与仓库屋顶平面之间的距离，主要是为了方便通风，其中平房仓库顶距应不小于0.3m；多层库房顶距应不小于0.5m。

（4）灯距。灯距是指货垛与照明电器之间的距离，主要是为了防止火灾，保证物资安全。灯距必须严格规定不得小于0.5m。

（5）垛距。垛距是指货垛与货垛之间的距离，主要是为了便于通风和检查商品，库房的垛距应不小于0.5m。

二、货物养护相关知识

1. 影响库存货物变异的主要因素

（1）影响库存货物变异的内在因素见表4-5。

表4-5 影响货物变异的内在因素

影响因素	主要内容
货物的物理性质	货物的吸湿性、导热性、透气性和耐热性等
货物的机械性质	货物的弹性、可塑性、强力、韧性和脆性等
货物的化学性质	货物的化学稳定性、毒性、腐蚀性、燃烧性和爆炸性等

（2）影响库存货物变异的外界因素见表4-6。

表4-6 影响货物变异的外界因素

影响因素	主要内容
自然环境	温度、湿度、大气中的有害气体、日光、尘土和虫蚁鼠害、自然灾害（如雷击、暴雨、洪水、地震和台风）等
人为因素	保管场所、包装、装卸搬运、堆码苫垫不合理和违章作业等
储存期	货物在仓库中停留的时间越长，发生变化的可能性就越大

2. 仓库空气温湿度调节与控制的方法

（1）密封。密封就是把货物尽可能严密地封闭起来，减少和防止库外不适宜温湿度对库内的影响，以达到安全保管的目的。密封保管应注意以下几点：

1）密封前要检查货物质量、温度和含水量是否正常，如发现发霉、生虫、发热、水淞等现象就不能进行密封。发现货物含水量超过安全范围或包装材料过潮也不宜密封。

2）密封的时间要根据货物的性能和气候情况来决定。怕潮、怕溶化、怕霉的货物，应选择在相对湿度较低的时节进行密封。

3）常用的密封材料有塑料薄膜、防潮纸、油毡纸、芦席等。密封材料必须干燥清洁，无异味。

4）密封常用的方法有整库密封、小室密封、按垛密封以及按货架、按件密封等。

（2）通风。通风就是利用库内外空气温度不同而形成的气压差，使库内外空气形成对流，来达到调节库内温湿度的目的。正确地进行通风，不仅可以调节与改善库内的温湿度，还能及时地散发货物及包装物的多余水分，按通风的目的不同，可分为利用通风降温（或增温）和利用通风散潮两种。

（3）吸潮。在梅雨季节或阴雨天，当库内湿度过高，不适宜货物保管，而库外湿度过大，也不宜进行通风散潮时，可以在密封库内用吸潮的办法来降低库内湿度。

（4）控温。在密封和通风很难达到仓库理想温度效果的情况下，可以根据自身实际条件采取一些控温措施，如安装气暖设备、风扇或空调等。在经济条件允许的情况下，使用空调是最理想的控温方法。

3. 仓库货物霉腐的防治方法

（1）货物霉腐的影响因素。

1）货物霉腐的内部条件。货物中含有可供霉腐微生物利用的营养成分，如水、碳水化合物（如糖类、淀粉、纤维素等）、蛋白质、脂肪、无机盐、维生素等。凡是含有这些有机成分的货物都容易引起霉腐。

2）货物霉腐的外部条件。

① 水分和空气湿度。水分是霉腐微生物的生命要素之一，霉腐微生物的生存和繁殖都离不开水，当湿度与霉腐微生物自身的要求相适应时，霉腐微生物就生长繁殖旺盛；反之，则处于休眠状态或死亡。在相对湿度低于75%的条件下，多数霉菌不能正常发育。

② 温度。霉腐微生物的成长必须有适宜的温度。根据各类微生物生长对温度的不同要求，可以把微生物分成三个类型：低温性（嗜冷性）微生物、中温性（嗜温性）微生物、高温性（嗜

热性）微生物。

③ 日光。日光对于多数微生物的生长都有影响。多数霉腐微生物在日光直射下经 1~4 小时就能大部分死亡，所以货物大都是在阴暗的地方才容易霉腐，一般微生物在紫外线灯下照射 3~5 分钟就会死亡。

④ 空气成分。多数霉腐微生物特别是霉菌，需要在有氧条件下才能正常生长，在无氧条件下不能形成孢子。二氧化碳浓度的增加不利于微生物生长，如果改变货物储存环境的空气成分，如使二氧化碳逐渐增加，使氧逐渐减少，那么微生物的生命活动就会受到限制，甚至导致死亡。

⑤ 溶液浓度。多数微生物不能在浓度很高的溶液中生长。因为浓度很高的溶液能使菌细胞脱水，造成质壁分离，使其失去活动能力甚至死亡。

（2）货物霉腐的防治方法。

1）化学药剂防霉腐。在使用化学药剂防霉腐时可采取下列方法：

① 可将防霉剂溶成溶液，喷洒或涂布在货物表面。

② 将货物浸泡在一定浓度的防霉腐溶液中。

③ 可在生产包装材料时添加防霉剂，用这种防霉包装材料包装货物，或者直接将一定比例的防霉腐药剂加到制品中去。

④ 将挥发性的防霉腐剂（如多聚甲醛、环氧乙烷）包成小包，密封于货物包装中，通过防霉腐剂的挥发防止货物霉腐，这种方法又称为气相防霉腐。

2）气调防霉腐。霉腐微生物与生物性货物的呼吸代谢都离不开空气、水分、温度这三个因素，只要有效地控制其中一个因素，就能达到防止货物发生霉腐的目的。气调防霉腐的方法就是利用这样的原理，在密封条件下，改变空气组成部分，降低氧气的浓度，抑制霉腐微生物的生命活动，从而达到防霉腐的目的。气调防霉腐的方法有密封法和降氧法两种：

① 密封法。这是保证气调防霉腐的关键，以不透气为宜，并且应该安装测气、测温、充气、抽气口、取样口等装置。

② 降氧法。即控制空气中氧气的浓度，人为地造成一个低氧的环境，使霉腐微生物的生长繁殖及生物性货物的呼吸受到限制。

3）低温防霉腐。多数含水量大、易发生霉腐的生物性货物，如鲜肉、鲜鱼、水果、蔬菜等，多采用低温防霉腐的办法。低温分冷藏和冷冻两种，冷藏温度一般为 3~5℃，冷冻温度在 -12℃ 以下甚至更低。

4）干燥防霉腐。该方法是通过减少仓库环境中的水分和货物本身的水分，使霉腐微生物得不到生长繁殖所需水分而达到防霉腐的目的。

5）加强仓储管理。这是货物防霉腐的重要措施。关键是应尽量减少霉腐微生物对货物的污染和控制霉腐微生物生长繁殖的环境条件，根据不同货物的不同要求，认真地控制和调节库房的温湿度。

4. 仓库金属货物锈蚀的防治方法

（1）金属货物锈蚀的原因。

1）影响金属货物锈蚀的内因见表 4-7。

表4-7　影响金属货物锈蚀的内因

影响因素	主要内容
金属的组织结构和性质	金属货物的化学性质越活泼，就越容易受周围腐蚀介质作用而发生锈蚀。金属中如果加入其他金属元素（如钢中加入铬、镍、硅等），则可提高金属的耐锈蚀性
金属货物的表面状态	在受到大气腐蚀和弱腐蚀性介质作用时，表面粗糙的金属制品比光洁度高的金属制品受腐蚀速度更快
金属各部位的应力状态	集中应力在变形部位，这些部位的电位下降使腐蚀速度增加

2）影响金属货物锈蚀的外因见表4-8。

表4-8　影响金属货物锈蚀的外因

影响因素	主要内容
空气的相对湿度	相对湿度越大，金属锈蚀的速度越快。当相对湿度低于65%时，无论在多少温度环境下金属几乎不腐蚀；当相对湿度在临界湿度以上而金属有腐蚀时，温度每升高10℃，锈蚀的速度提高到约2倍
温度	温度越高，金属锈蚀的速度越快。但温度对金属锈蚀的影响没有湿度的影响力大
氧气	氧气对金属在大气中的锈蚀起着主要作用，在大气中有大量的氧气存在，金属在大气中吸附的水膜层较薄，氧气很容易溶解并渗透到水膜中，导致电化学腐蚀的加速
空气中的有害气体与杂质	空气中的二氧化硫、硫化氢，工业废气中的氯化氢、氯气，大气中的灰尘微粒（如碳粒、沙粒等），对金属的锈蚀起着显著的加速作用

（2）金属货物锈蚀的防治方法。

1）控制和改善储存条件。

① 选择适宜的保管场所。

② 保持库房干燥。

③ 保持物资及储存场所的清洁。

④ 妥善码垛和苫盖，如图4-10所示。

⑤ 保持保护材料的防护层和包装完好。

⑥ 坚持定期质量检查，并做好质量检查记录。

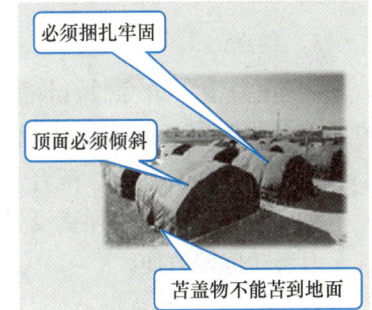

图4-10　货物的苫盖

2）涂油防锈。在金属制品表面涂（或浸或喷）一层防锈油脂。

3）气相防锈。气相防锈是一种常用的防锈方法，主要种类有以下几种：

① 粉末法。把气相防锈粉末撒在货物表面，或用器皿盛装后置于包装物内，或用纱布包好后悬挂于产品四周。

② 浸涂纸（布）法。将气相缓蚀溶剂溶解于蒸馏水中或有机溶剂中成为溶液，然后浸涂或刷涂在防锈纸或防锈布上，干燥后即成为气相防锈纸或气相布，使用时直接用其包装金属制品即可，然后在它的外面加石蜡纸或塑料袋包装。

③ 溶液法。用上述方法把防锈剂制成溶液，喷涂在金属表面，然后再用石蜡纸或塑料袋包装，如图4-11所示。

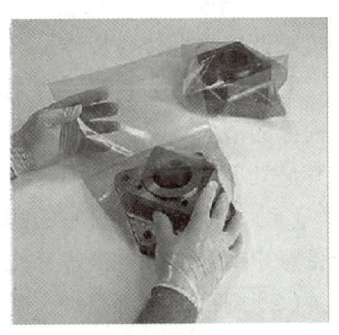

图4-11　气相防锈

三、货物盘点相关知识

1. 盘点的目的

（1）控制存货，以指导日常经营业务。

（2）掌握损益，以便真实地把握经营绩效，并尽早采取措施。

2. 盘点的方法

（1）账面盘点法又称永续盘点法，就是把每天出入库货物的品种、数量、单价等录入管理信息系统的货账簿上，并进行核对，而后逐日累加或递减，得出总账面上的库存量及库存金额。

（2）现货盘点法又称实地盘点法，就是在仓库实地清点调查仓库内的各种货物的库存，再根据各自的单价计算出实际库存金额。

现货盘点法按时间频率的不同又可分为定期盘点法和循环盘点法。

1）定期盘点法。定期盘点法就是定期地检查库存余额，以核对并保持记录的准确性。由于定期盘点是将所有品种的商品在短期内一次盘完，因此仓库一般要停止活动一段时间，全体员工一齐出动，采取分组的方式进行盘点。

2）循环盘点法。循环盘点法是指每天、每周清点一小部分商品，一个循环周期将每种商品至少清点一次的方法。循环盘点法一般和商品ABC分类管理法相结合，价格越高或越重要的商品盘点次数越多；价格越低或越不重要的商品，就尽量减少盘点次数。循环盘点一次只进行少量盘点，不需要全体人员参与，因此无须停止作业。同中断生产的定期盘点法相比，循环盘点法所需费用较少。

3. 盘点的时间

从理论上讲，在条件允许的条件下，盘点的次数越多越好。但每一次盘点都要耗费大量的人力、物力和财力。因此，盘点频率的确定显得尤为重要。盘点的日期一般选择以下时段：

（1）财务决算前夕。配合财务决算，以查清财务状况。

（2）淡季。因淡季存货较少，业务不太繁忙，盘点较为容易，需要投入的资源也较少，且人力调动也较方便。

4. 盘点结果的处理

（1）在盘点时一旦发现错误，应及时予以纠正。发现商品存量不正常，要根据销售情况调整库存标准。

（2）当发现商品的标号、规格和型号串混时，应彻底查明原因，并调整账面数字，商品也随即调整仓位或货位。

（3）如果商品变质、耗损，应详查原因和存储时效，必要时应会同检验部门复检，加强商品的清洁保养。凡损坏者应在发现时立即处理，以防损害扩大，如不能利用者，即当作废弃品处理。可能发生损耗的，参考以往记录与经验，予以核定后调整出账。

（4）对于盘盈、盘亏的商品，以实际存在数量为依据，审查确定后，即转入盘存处理，准备账户抵消，并更正各有关材料账卡。

（5）对商品加强整理、整顿、清扫和清洁工作。

（6）依据管理绩效，对分管人员进行奖惩。

任务评价

考评项目		分值/分	组内评价	他组评价	教师评价	实际得分
考评标准	货物堆码	30				
	货物养护	30				
	货物盘点	30				
	团队合作精神	10				
	合计	100				

注：实际得分 = 组内评价 ×30%+ 他组评价 ×30%+ 教师评价 ×40%。

知识拓展

新时代下的物流仓储技术

我国的物流技术，在过去十多年中处于快速发展时期。一方面得益于市场的需求，如食品、烟草、医药、冷链以及电子商务等；另一方面，也得益于科学技术的发展，尤其是自动化技术、计算机信息技术和网络技术的发展。当然，一个充分竞争的市场也是使得我国物流技术得以快速发展的重要原因。如果从物流技术的总体来看，过去的研究重点在于码垛与输送、存储、拣选和分拣、配送诸环节，可以预见，在今后很长一段时间，这些仍然是研究和应用的重点。

1．存储环节

各种形式的存储系统已经全面应用，如密集存储、自动化存储等。自动化立体库技术在过去的十多年中逐步完善，已经成为一项应用十分普遍和非常成熟的技术。与此对应的是，自动化立体库的规模越来越大，如鞋服行业、电商行业、家居行业、新能源行业等都出现了特大型的自动化立体库，这是前所未有的。密集存储技术发展已经有很多年，多种密集储存技术的应用相对比较成熟，例如重力式密集存储、双深度密集存储、穿梭车密集存储等。该存储理念未来还有很大的发展空间。

2．拣选和分拣环节

高效的拣选技术也得到了长足发展，传统的拣选技术如纸单拣选、电子标签拣选、RF 拣选等虽然还是主流，但这些拣选技术都面临着效率和准确性较低的问题。所以，新的拣选技术应运而生，如"货到人"拣选技术，已经在很多领域应用，未来的发展不可限量。从技术发展的前景看，下一步将是自动拣选技术的发展，尤其是"货到人"自动拣选技术将首先得到突破。

快速分拣系统也已经成为十分流行的解决方案。我国海量的快递包裹是引发自动快速分拣技术大规模应用的根本原因。据统计，2021 年全国的包裹量已超过 1 000 亿件，占全球一半以上，这是一个非常大的需求。比较遗憾的是，国产的快速分拣设备还不能满足市场要求。

3．配送环节

"最后一公里"曾经是过去几年里物流配送的热点问题，现在也已经有多种解决方案，其中智能快递框系统的应用是一个成功的案例,而物美推出的多点APP会给电商带来新的解决方案。在配送环节,无人机配送找到了新的着力点,即在比较困难的环境下解决配送问题,如山顶、孤岛、高层建筑等,尤其在应急情况下(例如地震发生时公路受阻)无人机会有特殊的用途。关键的一点是,无人机技术得到了根本解决。

有些电商企业热捧的无人配送概念应该还没有找到正确的应用场景,不过未来会有另外一种意想不到的突破,大家可以拭目以待。配送过程的透明化管理成为重点,这一点随着互联网技术的发展已经不成问题。

总结起来,过去十多年物流行业所重视的热点问题,在今后将仍然成为研究应用的重点。然而,随着物流技术的不断发展应用,一些过去没有被重视的物流环节或将被重视起来,从而弥补物流过程的"短板"。

任务二 体验货物运配

1. 掌握运输与配送的区别;
2. 了解电子商务货物运输与配送的流程;
3. 了解运输的方式;
4. 了解配送的特点和类型;
5. 培养良好的职业素养和团队精神。

 任务描述

物流公司接到了一个订单,需要采购5t你所在地的新鲜水果运往广州的水果配送中心,再由配送中心分发配送至广州各区的水果市场。假如你所在的小组就是物流公司,请具体描述运输前、运输途中、运输后以及配送前、配送途中、配送后各需要完成的工作。例如:

运输前需要完成的工作有:

(1)根据客户对水果的要求,在当地市场采购合适的货源(采购的市场可以由学生在当地实地考察后,根据水果的价格、质量、数量等因素,综合考虑后决定)。

(2)制订运输计划。根据实际情况选择运输的方式、运输的工具、路线的规划,控制运输的成本以及如何做好水果运输途中的保鲜工作等(需要根据学生所在地的实际情况进行规划)。

(3)其他工作(如运输单据的准备、运输途中突发事件的应对等)。

项目四　体验电子商务储运与客服

步骤一：根据小组分工，完成各自的工作任务。

本次任务的总目标是描述运输前、中、后和配送前、中、后六个阶段各需要完成的工作。小组成员根据组长的分工，完成相应的本职工作。由于各地的水果和地理位置等影响因素不一样，故本次的任务具有较大的灵活性，可充分发挥学生的主动性和想象力。此步骤建议学生采取实地考察与查询网络资料相结合的方式完成，见表4-9。

表4-9　运配分阶段对比表

阶	段	内　容
运输	前	
	中	
	后	
配送	前	
	中	
	后	

步骤二：小组讨论汇总，各小组依次派代表上台汇报。

小组成员完成各自的分工后，集中讨论、修改、完善，形成本次任务的最终完成结果。各小组依次派代表上台讲述本小组设计的运输前、中、后和配送前、中、后需要完成的工作，任课教师负责辅导和组织本次任务汇报的实施。

步骤三：完成体验任务后，按表格要求完成体验报告（见表4-10）。

表4-10　货物运配体验报告

姓　　名		班　　级		学　　号	
小组成员					
体验内容	体验货物运配				
体验时间		体验地点			
体验过程					
体验收获					
教师评价					

知识链接

微课 06
体验货物运配

一、运输与配送的概念

运输是使用设备和工具，将物品从一个地点向另外一个地点运送的物流活动。

配送是指在经济合理区域范围内，根据用户的要求，对物品进行拣选、加工、包装、分割、组配等作业，并按时送达指定地点的物流活动。

二、运输与配送的区别

1. 活动范围与空间不同

运输的活动空间比较大，它可以在不同地区、不同城市甚至不同国家之间进行；配送通常在同一地区或同一城市间进行，运送的距离比较短。

2. 运送对象与功能不同

运输多为运送大批量、远距离的物品，且途中兼有储存的功能；配送通常是小批量、多品种的产品运送。

3. 承载主题的责任与主动程度不同

运输是仅仅按照用户的要求被动提供服务，只要把货物保质、保量、按时送达即可；配送则要为客户提供积极、主动的服务，是"配"和"送"的有机结合。

4. 运输工具与运输方式不同

运输一般运送的是少品种、大批量的物资，可以采用多种运输工具和不同的运输路线，既适合产品的特性又利于经济效益的实现；配送多为小批量、多品种、高频率的运送，所以一般采用承载量不大的短途运输工具。

5. 技术要求不同

客户对配送中心的作业技术和作业水平往往会提出更高、更加个性化的要求。

6. 管理的重点不同

配送始终以服务优先，运输则更注重效率。

三、电子商务货物运输与配送流程

1. 电子商务货物运输流程图（见图 4-12）

图 4-12 电子商务货物运输流程图

2. 电子商务货物配送流程图（见图 4-13）

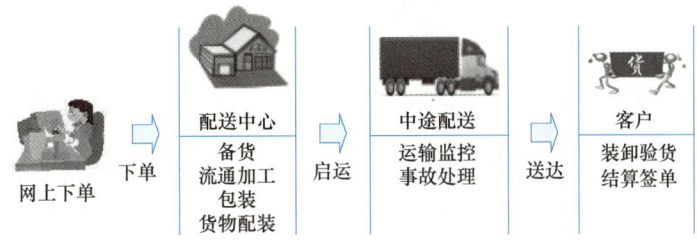

图 4-13　电子商务货物配送流程图

四、运输的方式

基本的运输方式有五种，即铁路运输、公路运输、水路运输、管道运输和航空运输。

1. 铁路运输

铁路运输是我国运输业的骨干运输方式，主要承担长距离、大批量的货运，在没有水运条件的地区，几乎所有大批量货物都是依靠铁路运输。

优点：运输量大、速度较快、连续性强、长距离运输成本低，受自然条件影响较小。

缺点：灵活性差，只能在固定线路上实现运输。

2. 公路运输

公路运输是我国最重要和普遍的运输方式，也可以作为其他运输方式的衔接手段。

优点：速度较快、灵活性强，短途运输优势明显。

缺点：不适宜大批量货物的运输，长距离运输成本高。

3. 水路运输

水路运输是我国最古老的运输方式，远洋运输是国际运输的主要手段。

优点：成本低、运输量大。

缺点：速度慢、灵活性差，受天气条件影响大。

4. 管道运输

管道运输是一种特殊的运输方式，是随着石油的生产而产生和发展的。

优点：安全可靠、连续性强、运输量大、占地少。

缺点：运输的物资受到限制，维修困难。

5. 航空运输

航空运输的主要优点在于运输速度快，但货运的高成本使其并不适用于运输大众化的产品，通常是用来运输高价值产品或时间要求比成本更为重要的产品。

优点：速度快，不受地形限制。

缺点：运费高、运量小、耗能大，受天气条件影响较大。

五、配送的特点

（1）配送不仅仅是送货。

（2）配送是送货、分货和配货等活动的有机结合体。
（3）配送的全过程有现代化技术和装备保障。
（4）配送是一种专业化分工的方式。

六、配送的类型

（1）按配送的组织者不同可以分为：配送中心配送、商店配送、仓库配送、生产企业配送。

（2）按配送时间及数量不同可以分为：定时配送、定量配送、定时定量配送、定时定路线配送、即时配送。

（3）按配送商品种类及数量不同可以分为：少品种大批量配送、多品种少批量配送、成套配送。

（4）按加工程度不同可以分为：加工配送、集疏配送。

（5）按经营形式不同可以分为：销售配送、供应配送、销售—供应一体化配送、代存代供配送。

（6）按配送企业专业化程度不同可以分为：综合配送、专业配送。

任务评价

	考评项目	分值/分	组内评价	他组评价	教师评价	实际得分
考评标准	运输工作阶段描述	30				
	配送工作阶段描述	30				
	小组代表汇报表现	30				
	团队合作精神	10				
	合　　计	100				

注：实际得分 = 组内评价×30%+ 他组评价×30%+ 教师评价×40%。

知识拓展

电子商务物流成本的分解

物流成本
- 仓储管理成本
  - 包括缺货费、QC（即质量控制）费用、条码费、入库检核上架费、储位费、批量退库费、盘点费等
- 订单处理成本
  - 包括分拣、配单、打包、指派、交接、RMA（即退货申请）费用以及耗材费
- 配送成本
  - 包括干线运输和分区配送费
- 系统使用费、固定资产和装修的分摊或租金
- 人工成本
  - 包括仓储和配送人员人工费

某电子商务企业自建物流成本构成如下（仅为示意，不代表行业平均水平）：
- 管理投入 4%
- 包装与订单处理 8%
- 出入库 10%
- 仓储 32%
- 运输与配送 46%

项目四 体验电子商务储运与客服

任务三 体验电子商务快递

 任务目标

1．掌握寄送快递的流程；
2．了解快递物品打包的方法；
3．了解签收快递的注意事项；
4．培养良好的职业素养和团队精神。

 任务描述

假如你有一位在外地的好友马上就要过生日了，请通过快递的形式，给这位好友送去一份小礼物，表达对他（她）的思念和祝福。本次任务的目的是让同学们亲身体验电子商务快递的流程。

 任务实施

步骤一：通过手机完成快递寄送预约服务。

通过手机进行快递寄送预约的方法有很多，可以通过支付宝、快递公司微信公众号或直接登录快递公司的官方网站进行预约，也可以直接拨打快递公司客服电话或联系快递员进行预约。在进行预约前要先了解清楚该快递公司的服务范围是否覆盖了发货地与收货地。

微课07
体验电子商务快递

以支付宝为例，在支付宝首页搜索框中输入"菜鸟"并进行搜索，如图4-14所示。

图4-14 支付宝首页

在搜索结果中选择"寄快递",如图4-15所示。

填写寄件人信息、收件人信息和物品信息,左下角会显示预估运费以供参考。之后选择预约上门收件时间,完成快递寄送的预约,如图4-16所示。

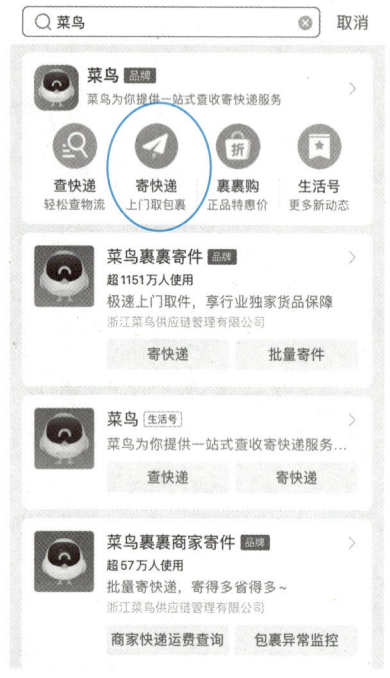

图4-15 选择"寄快递"

图4-16 填写寄件信息

步骤二:自己动手,准备打包材料并进行打包,也可以交给快递员帮忙打包。

根据有关规定,有些物品不能通过快递寄送,因此快递员上门收件时一般会先检查寄送的物品。为了避免引起不必要的麻烦,可等快递员验货无误后再进行打包。

同时需要注意的是,虽然快递公司一般都会提供包装服务,但如果寄送的是易碎或者贵重的物品,为了保证物品完好无损的送到好友手中,建议可以自行准备好纸箱、气泡膜、封箱胶带等材料,待快递员验货后,亲自动手对物品进行包装、装箱、封箱等操作。

步骤三:快递员上门取件,查验货物并完成交付手续,快递的寄送工作完成。

步骤四:完成体验任务后,按表格要求完成体验报告(见表4-11)。

表4-11 电子商务快递体验报告

姓　　名		班　级		学　号	
体验内容	体验电子商务快递				
体验时间		体验地点			
体验过程					
体验收获					
教师评价					

项目四 体验电子商务储运与客服

知识链接

一、电子商务快递的流程

客户通过电脑、手机、电话等方式下单预约，快递公司接到订单后派快递员上门取货，由客户填好快递单，验货包装后交付快递费用（也可以选择货到付款，由收件人支付快递费用）。

快递人员收件后，经过贴标签、录入系统、分拣等一系列操作后发往目的地中转站，目的地中转站对来自各地的快递再进行分拣，然后由快递员上门派件，收件人当面验货、签收，快递员把签收回执单交回快递公司并录入系统，至此快递公司完成快递任务（见图4-17）。

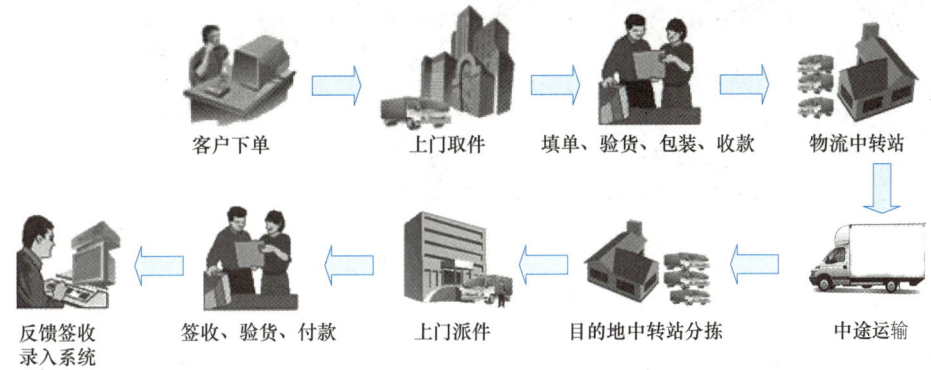

图4-17 电子商务快递流程图

二、快递物品打包方法

1. 鞋帽箱包类物品打包方法

（1）准备好物品及打包所需要的纸箱、气泡膜、封箱胶带等材料（见图4-18～图4-21）。

（2）把裹好的气泡膜塞进物品里面，避免在运输途中被挤压变形。

（3）用防尘袋把物品装好，放入纸箱并保持平整。

（4）纸箱里面放进折好的气泡膜做填充物。

（5）用封箱胶带封好纸箱口，贴上快递单。

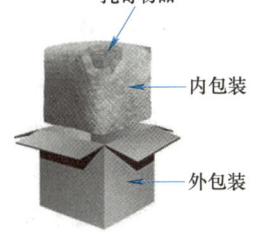

图4-18 包装的基本构成

珍珠棉

泡沫箱

纸卡结构

图4-19 常用的内包装材料

 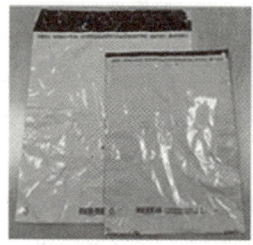 

瓦楞纸箱　　　　　　　包装胶袋　　　　　　　蜂窝纸箱

图 4-20　常用的外包装材料

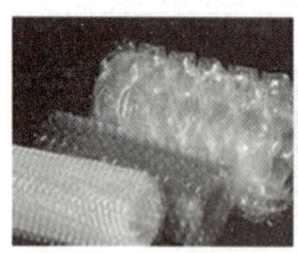   

气泡膜　　　　　　珍珠棉　　　　　　充气枕　　　　　　报纸团

图 4-21　常用的填充材料

2. 首饰类物品打包方法

（1）首饰类物品多为小件商品，把物品用小塑料袋包装好。

（2）放进已经封好底部的纸箱里。

（3）放入填充物，如小气囊等，防止运输过程中被挤压变形。

（4）封好纸箱口，所有接缝处最好都用胶带密封。

3. 化妆品类物品打包方法

（1）准备好打包所需要的纸箱、气泡膜、封箱胶带等，把化妆品用气泡膜包好。

（2）把包好的物品放入纸箱，放入报纸团、小气囊等作为填充物。

（3）用封箱胶带封好纸箱口。

4. 玻璃器皿类物品打包方法

（1）准备好需要包装的物品及纸箱、封箱胶带、气泡膜、报纸团等。

（2）把玻璃制品用气泡膜裹好，放入垫有报纸的纸箱。

（3）货物四周均放上报纸团，防止货物晃动碰撞，填充物要填满货物与纸箱之间的空隙。

5. 数码产品打包方法

（1）准备好商品、纸箱、气泡膜、封箱胶带、裁纸刀等。

（2）用气泡膜把数码产品裹严。

（3）用胶带把裹严的物品缠好，防止包装散开。

（4）包好的数码产品放入垫有报纸的纸箱，用报纸、海绵等填充物填满数码产品与纸箱之间的空隙。

（5）用封箱胶带封好纸箱上所有接缝的地方。

三、签收快递注意事项

（1）拿到货物后可以要求先验货再签收，除非寄件人寄件时在快递单上写有"不可拆包验货"。

（2）如果验货后没问题，可以确认收货，交易成功。

（3）检查后如果发现商品有问题，可以打电话通知发件人，然后将商品封好，交给快递员处理。

四、禁止寄递物品

根据《禁止寄递物品管理规定》，共有19类物品禁止寄递：枪支（含仿制品、主要零部件）弹药；管制器具；爆炸物品；压缩和液化气体及其容器；易燃液体；易燃固体、自燃物质、遇水易燃物质；氧化剂和过氧化物；毒性物质；生化制品及传染性、感染性物质；放射性物质；腐蚀性物质；毒品及吸毒工具、非正当用途麻醉药品和精神药品、非正当用途的易制毒化学品；非法出版物、印刷品、音像制品等宣传品；间谍专用器材；非法伪造物品；侵犯知识产权和假冒伪劣物品；濒危野生动物及其制品；禁止进出境物品；其他物品。

任务评价

考评标准	考评项目	分值/分	组内评价	他组评价	教师评价	实际得分
考评标准	完成快递寄送网上预约服务	40				
	物品包装准确合理	40				
	正确签收快递	20				
	合　　计	100				

注：实际得分 = 组内评价 ×30%+ 他组评价 ×30%+ 教师评价 ×40%。

知识拓展

常用的包装方法

简易包装法

普通包装法

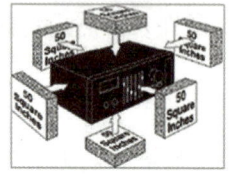  

易碎易损物品包装法

任务四　提高客户满意度

任务目标

1. 了解电子商务客服应具备的基本素质及能力；
2. 了解洽谈的技巧；
3. 掌握客户投诉的处理方式；
4. 了解客户满意度测评的相关知识；
5. 培养良好的职业素养和团队精神。

任务描述

一位女性顾客在淘宝店铺"贝贝潮流服饰店"购买了一条长裙，交易完成后，该顾客给了个差评。在评论中顾客指出给差评的原因主要有三个：一是购买时店铺客服的态度不够热情，响应速度慢；二是物流速度太慢，过了一个星期才收到货；三是衣服有小的瑕疵，实际颜色和网页中图片的颜色有差别。假如你是这家网店的客服，老板要求你马上和这位顾客取得联系并进行沟通，尽可能地挽回损失，让顾客将差评改为好评。

任务实施

步骤一：将全班同学分组，选出组长。

将全班同学按4人一组分成若干组，各组选出组长1名，教师担任贝贝潮流服饰店老板。由组长对本组同学进行任务分工，组织本组同学完成步骤二至步骤五，任课教师在旁边进行辅导。组员主要分工如下：2人扮演贝贝潮流服饰店客服，2人扮演给予贝贝潮流服饰店差评的顾客。2人扮演一个角色的主要原因是可以发挥团队的力量,在客服与顾客的交流过程中取长补短、互相帮助,完成上述任务的要求。

步骤二:组长组织小组成员讨论,做好前期准备工作。

由于小组里既有人担任客服,又有人担任顾客,所以组长应先组织本小组成员做好事先准备工作,讨论并想出相应对策。问题主要有两大部分,一是担任客服的成员如何应对这位给差评的顾客,用什么方法可以挽回客户的不满,把差评改为好评(要注意客服的职权范围,超出客服职权范围的要请示店老板——教师);二是担任顾客的成员如何在合理的范围内争取自己的权益。各组填写表4-12。

表4-12 任务分工表

客 服			顾 客	
姓 名			姓 名	
顾客可能提出的问题	如何解决顾客提出的问题	是否需要请示老板	如何在合理范围内争取自己的权益	

步骤三:客服能力大比拼。

抽签决定各组的比拼对手,由本组扮演客服的同学对阵另一组扮演顾客的同学,本组扮演顾客的同学对阵别组扮演客服的同学。担任客服的同学如遇超出职权范围的请求,需请示老板(教师)。沟通时间限制在30分钟内,时间结束后,各组的客服保存聊天记录,用于下一步骤的评比。

步骤四:评出金牌客服组。

各组派代表上台,展示本组客服和顾客在旺旺聊天工具上的聊天记录,讲解本组的客服在与顾客交流过程中碰到了哪些困难、是怎样克服的、任务完成情况如何、有待改进的地方等,其他小组对该小组的客服表现进行评分。最后评选出金牌客服组1组、银牌客服组2组和铜牌客服组4组(数量可视班级组数的多少来调整)。

步骤五:完成体验任务后,按表格要求完成体验报告(见表4-13)。

表4-13 提高客户满意度体验报告

姓 名		班 级		学 号	
小组成员					
体验内容	提高客户满意度				
体验时间		体验地点			
体验过程					
体验收获					
教师评价					

知识链接

微课08
提高客户满意度

一、电子商务客服的基本素质及能力

1. 电子商务客服应具备的基本素质

（1）灵活处理紧急情况，能够临危不乱。
（2）以平和的心态接受来自各方面的挫折和打击。
（3）能够自我掌控和调节自身情绪。
（4）具有热情主动、认真负责的职业精神。

2. 电子商务客服应具备的基本能力

（1）工作能力方面。
1）文字表达及投诉处理回复能力。
2）良好的倾听及口头表达能力。
3）资料搜集及分析能力。
4）团队的协调及合作能力。
（2）自身能力方面。
1）具有随机应变的能力。
2）思考与总结的能力。
3）耐心、细致、认真的态度。
4）终身学习的能力。

二、电子商务客户洽谈技巧

1. 耐心与热情的态度

良好的工作态度是电子商务客服必须具备的素质。与客户洽谈要以足够的耐心和热情给予回复，给客户一种专业感，树立企业良好的形象。

2. 微笑服务

微笑是对客户最好的欢迎。当客户咨询时，一句轻声的问候或者一个笑脸表情都能让客户倍感舒适；交谈结束，一句"感谢您的惠顾"再带个微笑表情，能让交谈在轻松的环境中结束。

3. 语言表达方面

礼貌待客是交谈的基本要求。交谈中应多用敬语，如"您""请问""请稍等"；同时尽量避免负面用语，如"我想我帮不了您""但是这样是不行的"之类用语，应委婉地说出不能这样的原因，取得客户的理解。

4. 聊天工具使用技巧

合理使用各个平台的即时聊天工具，灵活运用对应的功能技巧。

5. 应对商品的咨询

在面对客户询问商品方面，首先要判断客户对商品的了解程度，对不是很了解的客户，需要非常详细地讲解,还要合理地推荐;对了解一些的客户,要站在专业的角度讲解;对非常了解的客户,不要过分虚夸,只需实话实说,侧重说明开展的优惠活动。

6. 应对客户的砍价

砍价在电子商务交易过程中是经常遇到的,客服面对客户的砍价首先要用平和的心态来对待,客户既然砍价,证明其有较强的购买欲望。客服应一方面坚持原则,切勿随意降价,一方面可以通过其他方式让客户得到满足,如赠送小礼品、消费代金券、满减优惠等。

7. 应对客户的责问

在交谈中,不免会有客户因为回复慢、商品问题和物流等问题责问客服,客服遇到类似问题应多检讨自己,切勿指责对方。客服首先应该弄清楚问题原委,以最快的速度拿出解决方案,征求客户的同意。这种情况下,客户就不会考虑解决方案是否满意,而是会觉得自己的问题受到了重视,情绪得到缓解,接下来协商解决问题就容易多了。

三、电子商务客户投诉处理方式

1. 快速反应,认真倾听

客户出现问题都会特别着急,怕自己的问题得不到解决,自然不会很高兴。客服接到信息后,要马上对客户意见做出反应,接下来认真倾听客户反馈的所有信息,记录下相关的信息,待客户阐述结束后,先要复述一遍,询问客户是否正确,以确保信息的准确性。

2. 认同客户感受,诚恳给客户道歉

客户认为出现了问题才会抱怨或者投诉。客服接到信息后,应站在客户的立场上认真考虑客户反馈的问题,换位思考。体会客户的情绪,找到恰当的沟通方式。先不必考证双方谁对谁错,客户是因这次购物而出现的不愉快,因此客服都应该诚恳地道歉。

3. 安抚客户,表示愿意提供帮助

客户阐述完自己的投诉意见后,往往心情还是非常激动的,这时候客服应给出适当的安抚,缓和客户激动的情绪。当然客户找客服抱怨,不仅仅是想发泄一番而已,而是希望店家能有所行动。此时,客服应该表示出非常愿意提供帮助来解决问题的态度,客户心里的不愉快情绪就会大大减少,起码看到了店家的真诚态度。

4. 提出处理方案,征求客户同意

在安抚客户后,根据客户提供的信息,结合店家的政策等实际情况,给出合理的处理方案,并用恰当的方式转述给客户。

5. 跟踪处理方案的实施,与客户保持联系

对于处理方案的实施,客服需要密切跟踪,以防出现意外情况。如果出现特殊情况,需要及时与客户联系,说明原因,征求客户同意后更改处理方案或者延长处理时间。

6. 回访客户,针对处理结果询问满意度

事情处理完毕后联系客户,首先对于整个问题做自我批评,询问客户对处理结果的满意程度。此时,有些客户会提出自己的意见或者建议,客服需要记录,以便以后提高店家的

整体服务水平。

四、客服易犯的错误

1. 过分幽默

在客户未完全满意前,客服过分的幽默会损坏店面的形象。

2. 不耐烦

在客户长时间咨询但仍未流露出购买的意向时,客服开始不耐烦地回复客户,容易引起客户不满。

3. 说得太多

回复客户时说了太多边缘性的话题,导致客户的问题越来越多。

4. 不正面回答问题

回答问题抓不住要点,回复的答案解决不了客户的问题,导致客户循环提问。

5. 态度过于生硬

面对客户一些非善意的问题,回答过于生硬,引起客户不满。

6. 经常使用网络语言

习惯性地使用网络常用语,如"晕""汗"等,显得不够礼貌;频繁地使用"嗯",客户会觉得你没有时间理他,是在敷衍,应当换成"好的"。

五、客户满意度测评

1. 客户满意度测评目的

(1)调整企业经营战略,提高经营绩效。

(2)塑造企业文化,提升员工整体素质。

(3)促进产品创新,利于产品和服务的持续改进。

(4)增强企业竞争力。

2. 客户满意度测评流程(见图4-22)

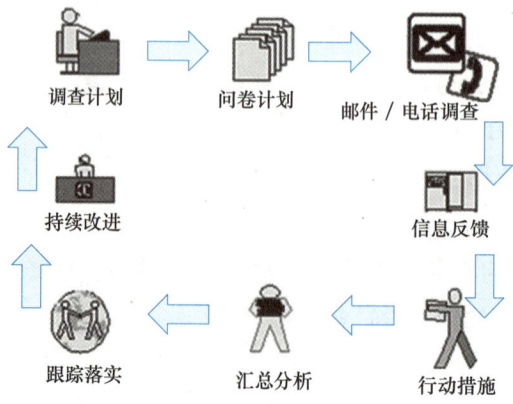

图4-22 客户满意度测评流程

任务评价

考评标准	考评项目	分值/分	组内评价	他组评价	教师评价	实际得分
	担任客服	30				
	担任顾客	30				
	小组代表汇报表现	30				
	团队合作精神	10				
	合　　计	100				

注：实际得分 = 组内评价 ×30%+ 他组评价 ×30%+ 教师评价 ×40%。

 知识拓展

客服处理客户问题案例

客户：你好，这款产品多少钱？价格可不可以低点啊？
客服：亲，很抱歉哦，商城没有办法修改价格的。
客户：第一次买你们这个品牌，价格低点的话，以后肯定会经常来购买你家的产品的。
客服：亲，您在购买产品时，价钱确实是考虑的方面，但产品的质量和售后服务也是考量产品好坏的重要因素。我们是天猫上的官方旗舰店，产品及质量都是有官方保障的哦。
客户：但是我觉得你们的价格有点偏高啊，要是能低点就好了。
客服：亲，这个价格真的没办法少了哦，商城是不支持修改价格的，真的没办法。
客户：那算了，我再逛逛别家的吧。
客服：您需要多少件产品呢？
客户：暂时先买2罐，要是用着不错就继续跟你家合作。
客服：那您稍等一下，我向主管为您申请下优惠价格，不一定能成功哦，我尽量为您申请吧。请稍等。

……

客服：亲，主管说天猫价格是修改不了的，可以给您赠送一份精美礼品。这个礼物质量很好，您看这样好吗？
客户：那不为难你了，我这次买了之后以后再买应该会有优惠吧？
客服：嗯，是的。买过且交易成功后您就是我们旗舰店尊贵的会员了，再次来购买，亲就可以享受会员价了。

项目五

走进电子商务物流信息

任务一　认识电子商务物流信息技术

 任务目标

1. 掌握电子商务环境下条码技术在物流中的应用；
2. 了解电子商务物流中射频技术的应用；
3. 了解电子商务物流中 EDI 技术的应用；
4. 了解 GPS 和 GIS 技术在物流中的应用。

 任务描述

组织学生到京东仓库进行调研，完成以下几个任务：

1. 学生分组在不同区域收集条码并进行拍照分类，学会用扫描设备进行扫描；
2. 学生在教师的指导下使用 RFID 标签及读写器来进行仓储管理，了解 RFID 的主要设备及应用；
3. 使用电子数据交换软件发送 EDI 单证和邮件；
4. 利用 GPS 和 GIS 进行货物的跟踪与定位，为货物配送提供服务。

 任务实施

步骤一：做出团队工作计划（见表5-1）。

表5-1　团队工作计划表

序　号	工　作　内　容	完成时间	责　任　人
1	创建小组，每个小组由5人组成，其中1人为组长		
2	分配职责，各小组组员明确职责		

（续）

序号	工作内容	完成时间	责任人
3	收集扫描条码信息		
	使用RFID标签及读写器来进行仓储管理		
	使用电子数据交换软件发送EDI单证和邮件		
	利用GPS和GIS进行货物的跟踪与定位		
4	对调研结果进行归纳总结		

步骤二：根据现场调研找出不同条码的商品，进行扫描、分类、整理，填写商品信息表（见表5-2）。查询资料，归纳条码在电子商务物流领域的应用。

表5-2 商品信息表

编号	商品名称	商品条码	生产地区	厂商	条码类别

步骤三：认识实训室的各种现有电子标签，列出数据并填写电子标签数据表（见表5-3），了解RFID标签及读写器在仓储管理中的应用。

表5-3 电子标签数据表

序号	频率	模式	标准	尺寸	用处
标签1					
标签2					
……					

步骤四：使用电子数据交换软件发送EDI单证和邮件，各小组成员完成操作后展示成果，进行总结汇报。

步骤五：利用GPS和GIS进行货物的跟踪与定位，为货物配送提供服务。

本任务实施是在EDI模拟系统环境下进行的，可根据实际情况实施。以教学视频或调查的形式来进行，如有条件可以选择真实的EDI系统进行练习。

知识链接

一、条码

1. 条码概述

条码是由宽度不同、反射率不同的条和空，按照一定的编码规则（码制）编制而成的，用以表达一组数字或字母符号信息的图形标识符，即条码是一组粗细不同、按照一定的规则安排间距的平行线条图形。条码具有可靠准确、包含信息多、灵活实用、易维护等优点。

2. 条码的分类

（1）条码按维数分类可分为一维条码（见图5-1）、二维条码（见图5-2）和多维条码。一维条码和二维条码的区别见表5-4。

图5-1　一维条码　　　　　　　　　　图5-2　二维条码

表5-4　一维条码和二维条码的区别

项　　目	一　维　条　码	二　维　条　码
显示内容	英文、数字、简单符号	英文、中文、数字、符号、图形
信息密度	低	高
存储数据量	小	大
保密性	不高	高，可加密
用途	标识物品	描述物品，携带信息
识读速度	快	慢

（2）条码按使用目的分类可分为商品条码和物流条码。商品条码和物流条码的区别见表5-5。

表5-5　商品条码和物流条码的区别

项　　目	应用对象	数字构成	包装形式	应用领域
商品条码	向消费者销售的商品	13位数字	单个包装	POS系统、补充订货系统
物流条码	物流过程中的商品	14位数字（标准物流条码）	集合包装（如纸箱、集装箱等）	出入库管理、运输保管、分拣管理

（3）条码按码制分类可分为 EAN 码、UPC 码、交叉 25 码、ITF、Codabar 码、39 码、128 码、93 码、49 码、25 码、矩阵 25 码、Plessey 码等。

3. 条码技术的应用

（1）在仓储系统中的产品分拣过程中提供条码数据（见图5-3左），使产品实现准确地自动分拣，对产品进行比对验证，提供产品的精确计数。

（2）为快递公司的货物通道提供条码标识符（见图5-3右）、实际包裹尺寸和重量信息，为包裹投递服务计算营业额提供重要信息。

（3）在大批量运输作业中，条码自动识别与动态电子秤配合使用，提供货物"尺寸重量"的完整信息。

（4）在入库或出库的分拣系统中，对每一个经过扫描的包裹测定体积，以便跟踪出货车的装载情况和仓库储存区的容量。

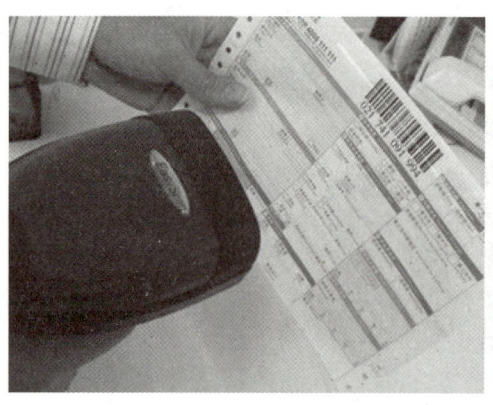

图 5-3 条码的应用

二、射频识别技术

1. 射频识别技术的概念和基本原理

无线电技术在自动识别领域的应用技术称为射频识别技术(Radio Frequency Identification,RFID)。其基本原理是电磁理论,利用无线电波对记录媒体进行读写。RFID 系统通常由电子标签、读写器和计算机通信网络三部分组成。

2. 射频识别技术的应用

(1)射频识别技术在产品库存控制和智能物流中的应用。射频识别技术在物流行业的应用流程是:每个产品出厂时都被附上电子标签,然后通过读写器写入唯一的产品信息生成代码后,将物品的信息录入到数据库中,RFID 技术使得合理的产品库存控制和智能物流技术成为可能。此后分拣、装箱销售、出口验证、到港分发、零售上架等各个环节都可以通过读写器反复读写标签进行实时监控,如图 5-4 所示。

图 5-4 射频识别技术在仓储的应用

(2)射频识别技术在交通行业的应用。射频识别技术在交通行业的应用主要是在高速公路收费及智能交通方面。通过在汽车上安装射频识别卡,汽车可被自动识别,在车辆通过收费站的同时完成交费；在车牌管理上，有车牌真伪识别的功能，如图 5-5 所示。

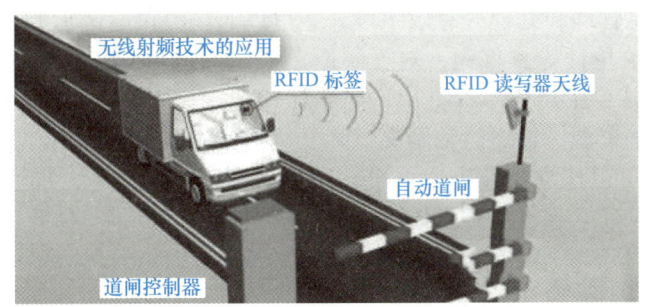

图 5-5　射频识别技术在交通行业的应用

（3）射频识别技术在零售业的应用。RFID 标签可嵌入到有时限要求的产品包装上，以便在货物从仓库被运往商店上架的过程中监测温度、振动、时间及其他参数。使用 RFID 可追踪产品的生命周期，提供更多、更深入的产品记录，提高市场效益，如图 5-6 所示。

图 5-6　射频识别技术在零售业的应用

三、电子数据交换（EDI）技术

1. EDI 的含义

电子数据交换（Electronic Data Interchange，EDI）就是指按照规定的一套通用标准格式，将标准的数据信息通过网络传输，在贸易伙伴的电子计算机系统之间进行数据交换和自动处理。由于 EDI 大大减少了纸张票据的使用，因此也称为"无纸贸易"或"无纸交易"。EDI 主要由三个部分组成，即 EDI 标准、EDI 软硬件及通信网络。实现 EDI 需要相应的软件和硬件，EDI 软件将用户数据库系统中的信息翻译成 EDI 的标准格式，以供传输和交换，具有处理速度快、准确性高和成本低等特点，如图 5-7 所示。

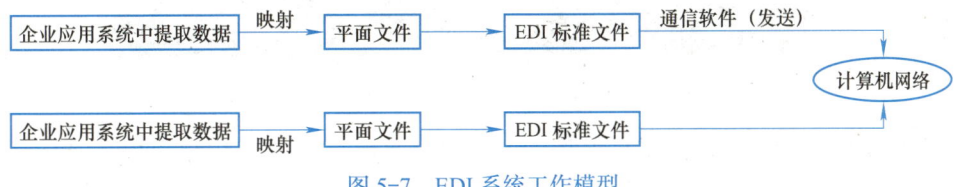

图 5-7　EDI 系统工作模型

2. EDI 技术在电子商务物流中的应用

EDI 是一种信息管理和处理的有效手段，它可以对物流供应链上的物流信息流进行有效的运作，如传输物流单证等。首先，对于制造业来说，利用 EDI 可以有效地减少库存量及生产线待料时间，减少生产成本；其次，对于运输业来说，利用 EDI 可以快速通关报检，科学合理地利用运输资源，缩短运输距离，降低运输成本和节约运输时间；再次，对于零售业来说，利用 EDI 可以建立快速响应系统，减少库存量与空架率，加速资金周转，降低物流成本；同时也可以建立起物流配送体系，完成产、存、运、销一体化的供应链管理。

四、GPS/GIS 技术

1．GPS 概述

全球卫星定位系统（Global Positioning System，GPS）是利用分布在约 2 万千米高空的多颗卫星对地面的状况进行精确测定以进行定位、导航的系统。装有 GPS 的卫星可以全天候、连续地向无限多用户提供任何覆盖区域内目标的高精度的三维速度、位置和时间信息。GPS 接收机可以接收卫星发射的信号，以获得必要的导航定位信息，并据此进行导航和定位。GPS 系统主要由三大系统组成：地面监控系统、空间卫星系统、用户接收系统，如图 5-8 所示。

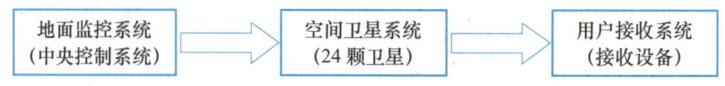

图 5-8　GPS 卫星系统组成

2．GPS 在物流配送中的应用

（1）用于汽车定位、跟踪调度、陆地救援。我国很多物流服务企业的车队现在已经配备了 GPS，以便对车辆实时定位和导航。车辆导航成为未来全球 GPS 系统应用的主要领域之一，如图 5-9 所示。

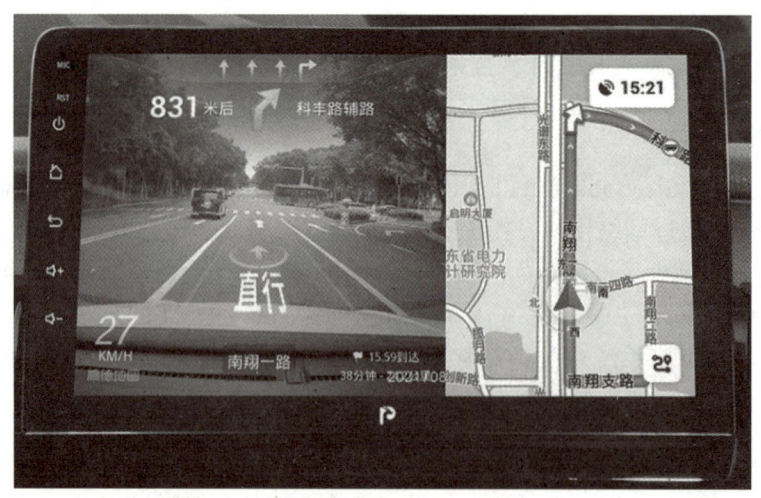

图 5-9　GPS 对车辆进行导航

（2）用于内河及远洋船队最佳航程和安全航线的预测、航向的实时调度、监测和水上救援。在我国，全球卫星定位系统最先应用于远洋运输船舶，三峡工程也已规划利用 GPS

系统来改善航运条件，提高航运能力。

（3）用于空中交通管理、精密进场着陆、航路导航和监视。国际民航组织提出未来导航系统将是以卫星技术为基础的航空通信、导航、监视和空中交通管理系统，它利用全球导航卫星实现飞机航路、终端和进场的导航。

（4）用于铁路运输管理。我国开发的基于 GPS 的计算机管理信息系统，可以收集全路列车、机车、车辆、集装箱及所运货物的动态信息，实现列车、货物的追踪管理。

（5）用于军事物流。GPS 系统是为军事目的而建立的，在军事保障等方面应用相当普遍。以美国为例，其在世界各地驻扎的军队无论是在战时还是在平时都借助 GPS 系统保障后勤补给以及满足军队的相关要求。

3. GIS 概述

地理信息系统（Geographical Information System，GIS）是以地理空间数据为基础，采用地理模型分析方法，适时地提供多种空间的和动态的地理信息，是一种为地理研究和地理决策服务的计算机技术系统。

4. GIS 在物流中的应用

目前，物流领域主要是利用 GIS 强大的地理数据功能来完善物流分析技术。其应用包括：

（1）车辆路线模型，用于解决单起点、多终点的货物运输，以降低物流作业费用，保证服务质量，包括决定使用多少辆车及每辆车的行驶路线等。

（2）网络物流模型，用于解决寻求最有效的配送路径问题，也就是物流网点布局问题。如将货物从 n 个仓库运往到 m 个商店，每个商店都有固定的需求量，因此需要确定由哪个仓库送给指定的商店，使得运输成本最低。

（3）分配集合模型，可以根据各个要素相似点把同一层上的所有或部分要素分为几个组，用以解决确定服务范围和销售市场范围等问题。如某一公司要设立 x 个分销点，要求这些分销点覆盖某一地区，而且要使每个分销点的顾客数目大致相等。

（4）设立定位模型，用于确定一个或者多个设施的位置。在物流系统中，仓库和运输线共同组成了物流网络。如根据供求的实际需要并结合经济效益等原则，决定仓库数量，每个仓库的位置、规模以及仓库之间的关系等。

任务评价

	考评项目	分值/分	组内评价	他组评价	教师评价	实际得分
考评标准	收集扫描条码信息进行分类	20				
	使用 RFID 标签及读写器来进行仓储管理	20				
	使用电子数据交换软件发送 EDI 单证和邮件	20				
	利用 GPS 和 GIS 进行货物的跟踪与定位	20				
	语言表达	10				
	团队合作	10				
	合　　计	100				

注：实际得分 = 组内评价 ×30%+ 他组评价 ×30%+ 教师评价 ×40%。

知识拓展

北斗卫星导航系统

北斗卫星导航系统（BeiDou Navigation Satellite System，简称BDS）是我国着眼于国家安全和经济社会发展需要，自主建设运行的全球卫星导航系统，是为全球用户提供全天候、全天时、高精度的定位、导航和授时服务的国家重要时空基础设施，也是继美国GPS、俄罗斯GLONASS之后的第三个成熟的卫星导航系统。2020年，北斗三号系统建成，已开始向全球提供服务。

北斗系统提供服务以来，已在交通运输、农林渔业、水文监测、气象测报、通信授时、电力调度、救灾减灾、公共安全等领域得到广泛应用，服务国家重要基础设施，产生了显著的经济效益和社会效益。基于北斗系统的导航服务已被电子商务、移动智能终端制造、位置服务等厂商采用，广泛进入我国大众消费、共享经济和民生领域，应用的新模式、新业态、新经济不断涌现，深刻改变着人们的生产生活方式。我国将持续推进北斗应用与产业化发展，服务国家现代化建设和百姓日常生活，为全球科技、经济和社会发展做出贡献。

北斗系统秉承"中国的北斗、世界的北斗、一流的北斗"发展理念，愿与世界各国共享北斗系统建设发展成果，促进全球卫星导航事业蓬勃发展，为服务全球、造福人类贡献中国智慧和力量。北斗系统为经济社会发展提供重要时空信息保障，是我国实施改革开放40余年来取得的重要成就之一，是新中国成立70年来重大科技成就之一，是中国贡献给世界的全球公共服务产品。我国将一如既往地积极推动国际交流与合作，实现与世界其他卫星导航系统的兼容与互操作，为全球用户提供更高性能、更加可靠和更加丰富的服务。

任务二　体验电子商务物流信息系统

 任务目标

1. 了解物流信息管理系统的组成；
2. 能够使用仓储管理信息系统（WMS）完成货物的出入库作业订单处理；
3. 能够使用运输管理信息系统（TMS）完成货物的取派作业订单处理。

 任务描述

1. 使用WMS系统完成货物的入库作业订单处理

2021年1月28日公司接到物美超市电话，要求对以下商品进行入库。紧急程度：一般；产品：冰露矿物质水10箱；库房：实训库房；入库方式：送货；入库类型：正常入库。请以仓储调度员或信息管理员的身份，对入库作业计划指定储位、作业资源，打印出储位分配单、入库单并查询作业明细。

项目五　走进电子商务物流信息

2. 使用WMS系统完成货物的出库作业订单处理

2021年1月28日，模拟货品出库作业。客户码：物美超市；订单来源：电话；紧急程度：一般；产品的出库库房：实训库房；出库方式：自提、正常出库；产品名称：冰露矿物质水；数量：3箱。根据上述信息完成出库作业。请以仓储调度员的身份录入出库订单，进行出库调度，指定作业资源；打印拣货单和出库单；进行出库操作，并完成作业反馈；查询作业明细。

3. 利用TMS系统完成物品配送作业

2021年1月29日，收到物美超市发出的配送任务。托运人：张一静；联系电话：61006051；货品名称：手机壳；数量：10件；托运人地址：浦东新区银城中路100号中银大厦2211室；托运人账号：WM0101546；客户经理：鲁琳；不投保；结算方式：现结；司机：李云。根据上述信息完成系统操作配送作业。

任务实施

步骤一：进入WMS系统新增入库单，生成作业计划，打印入库单和储位分配单，完成入库反馈。

在【订单管理】→【入库订单】下，单击【新增】按钮，如图5-10所示。

微课09
入库作业订单处理

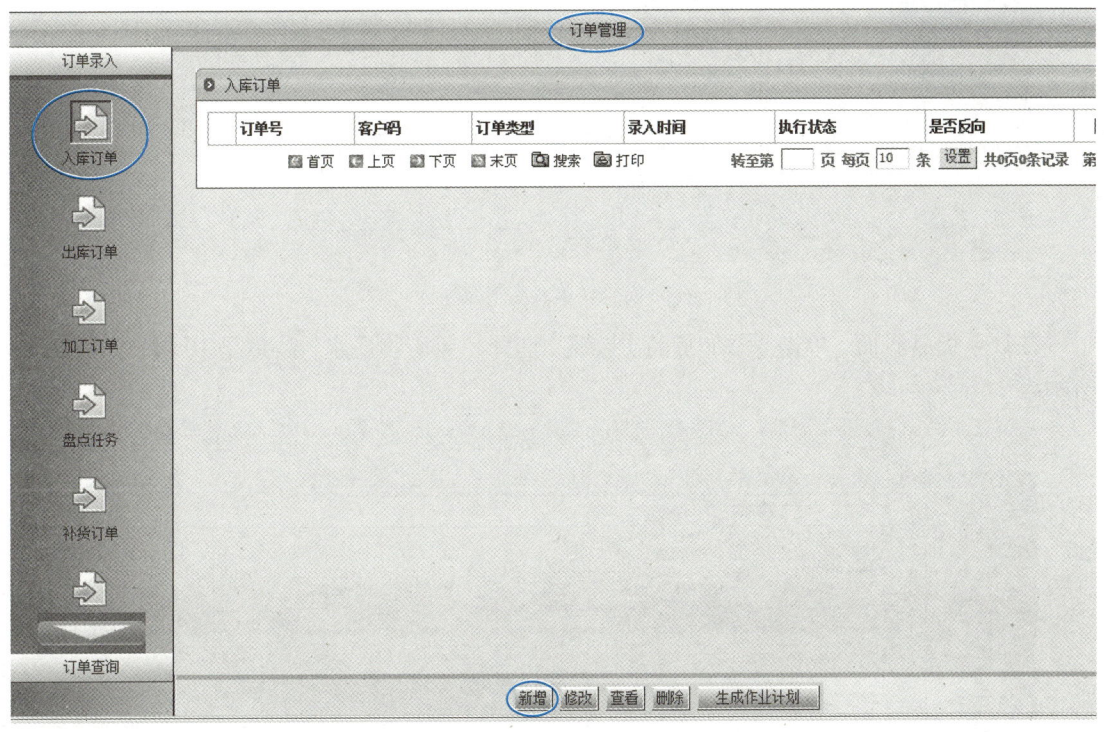

图5-10　新增入库订单

119

单击【新增】按钮后，出现如图 5-11 界面，选择入库订单。分别对订单信息、订单入库信息及订单货品进行维护。在订单信息界面，录入客户名称、紧急程度、订单来源等入库订单信息。

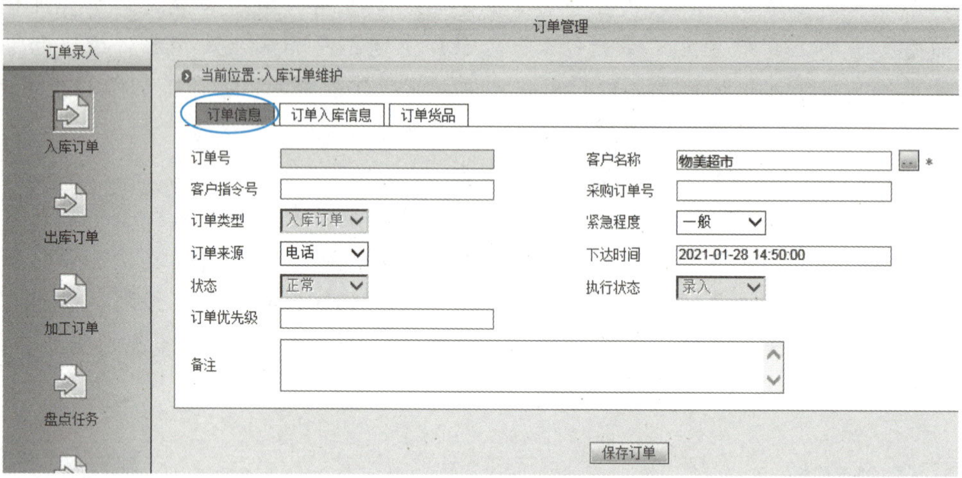

图 5-11　订单信息录入

在订单入库信息界面，录入库房、入库方式、入库类型相关信息，如图 5-12 所示。

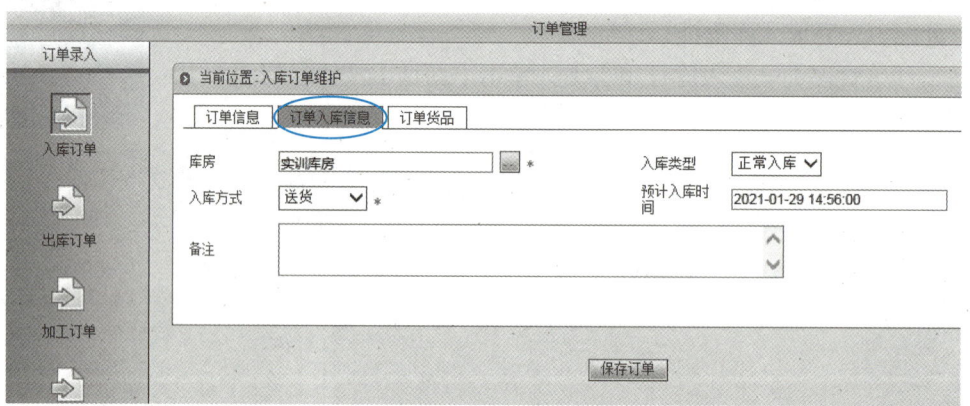

图 5-12　订单入库信息录入

在订单货品界面，单击【添加货品】按钮，选择冰露矿物质水，数量是 10 箱，如图 5-13 所示。

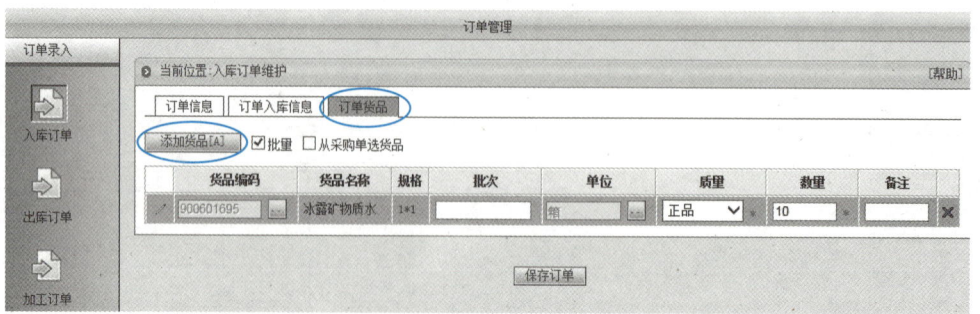

图 5-13　订单货品录入

在入库订单界面选择所录入的任务订单,单击【生成作业计划】按钮,如图 5-14 所示。

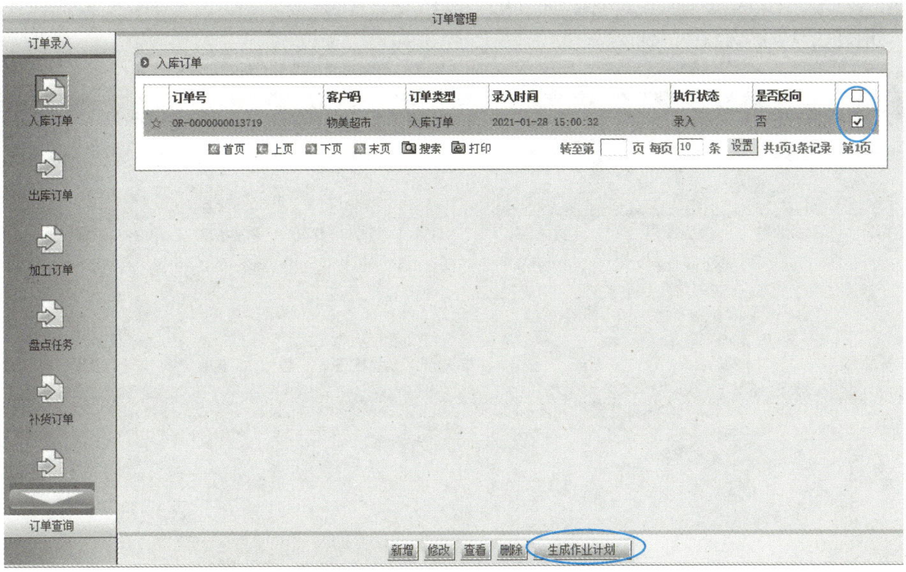

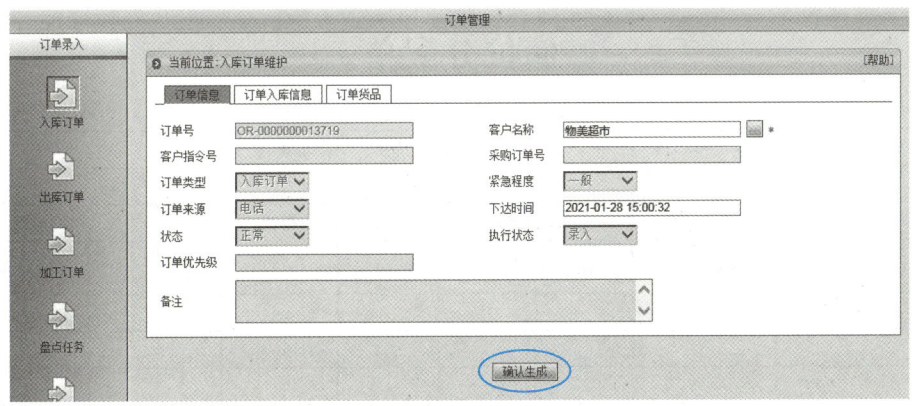

图 5-14　入库作业计划生成

在弹出的界面单击【确认生成】按钮,如图 5-15 所示。

图 5-15　确认生成入库订单

在【仓储管理】→【入库作业】→【入库预处理】下,选中刚才的订单,单击【调度】按钮,如图 5-16 所示。

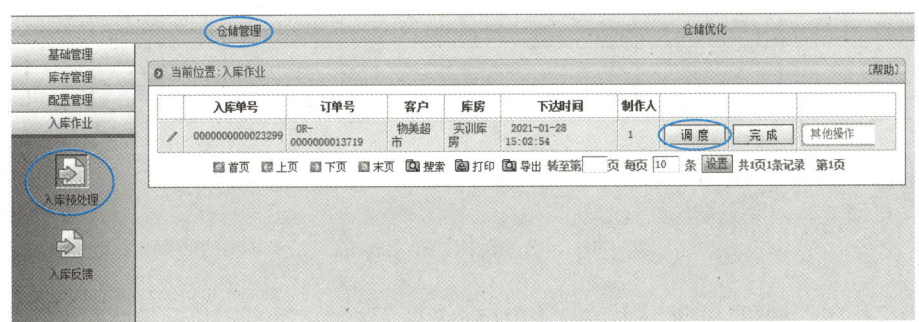

图 5-16　入库预处理调度

在待上架货品中,选中要上架的货品,单击【上架】按钮,系统自动分配区编码和储位编码,如图5-17所示。

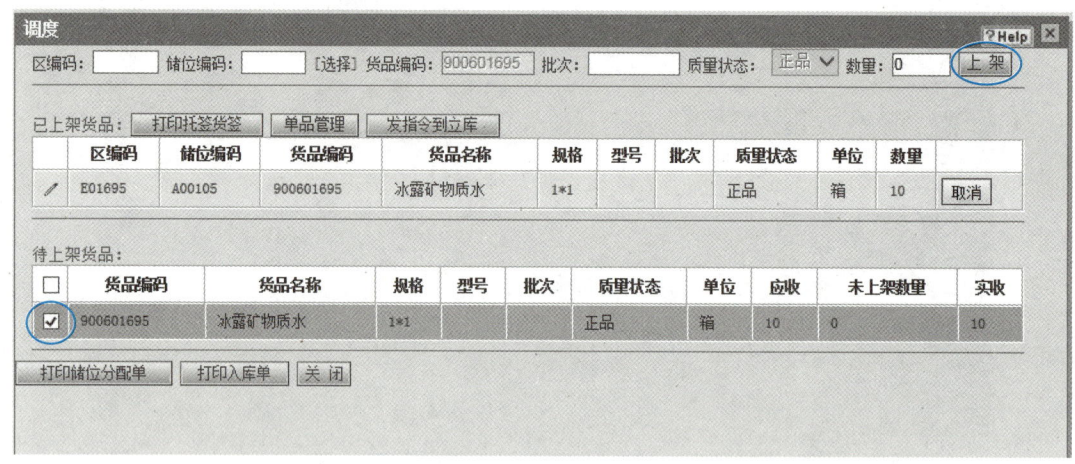

图5-17 货品上架处理

单击【打印】按钮,打印储位分配单,如图5-18所示。

储位分配单

				操作编码:			0000000000046529	
作业单号	0000000000023299			库房	实训库房			
货 品 明 细								
位置	货品编码	货品名称	规格	批次	应放	实放	单位	备注
E01695-A00105	6910183004297	冰露矿物质水	1*1		10		箱	

图5-18 打印储位分配单

单击【打印】按钮,打印入库单,如图5-19所示。

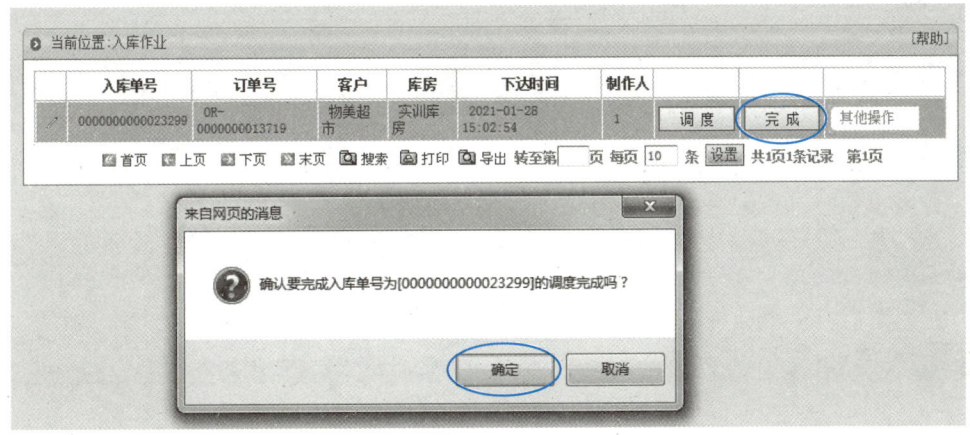

图 5-19 打印入库单

单击【完成】→【确定】按钮,完成作业的调度,如图 5-20 所示。

图 5-20 完成调度

之后选择【仓储管理】→【入库作业】→【入库反馈】,系统显示已经调度完成的单据,单击【作业计划单反馈】按钮,分别对理货、上架等进行反馈,如图 5-21 所示。

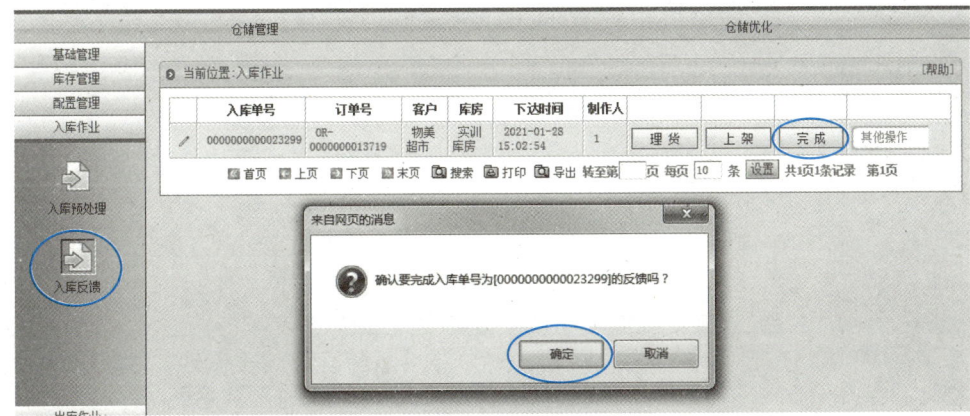

图 5-21 完成入库反馈

微课 10
出库作业订单处理

步骤二：进入 WMS 系统录入出库单，生成作业计划，操作出库调度进行拣货，打印拣货单、出库单，完成出库反馈。

选择【订单管理】→【订单录入】→【出库订单】，单击【新增】按钮，选择出库订单。在订单信息界面填写客户码等，如图 5-22 所示。

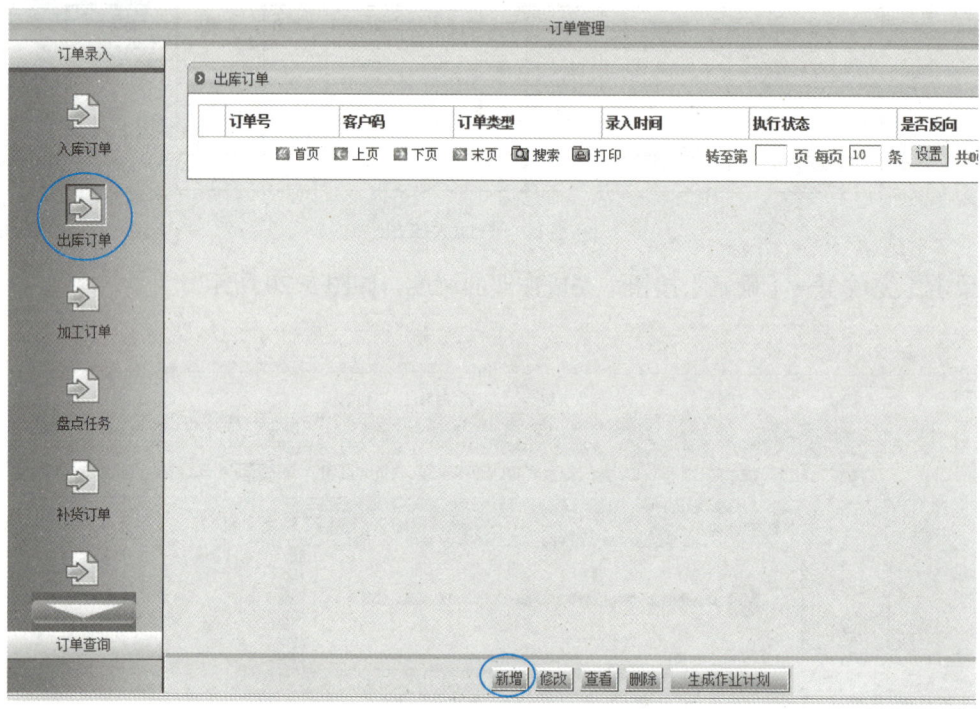

图 5-22　新增出库订单

在订单出库信息界面填写订单信息和订单出库信息，如图 5-23 和图 5-24 所示。

图 5-23　订单信息录入

项目五　走进电子商务物流信息

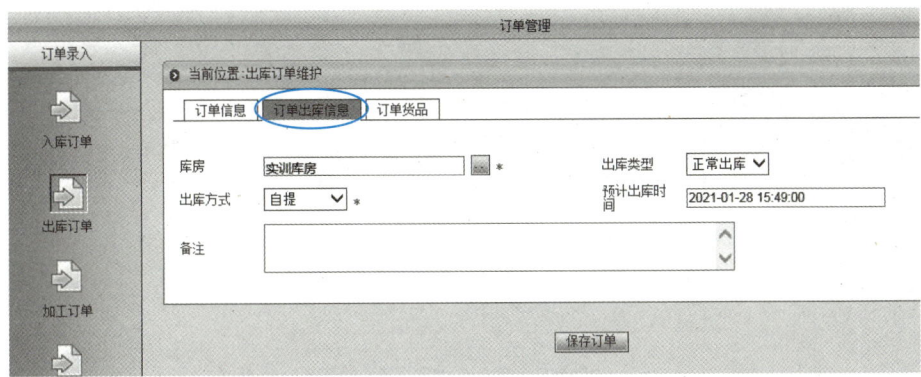

图 5-24　订单出库信息录入

在订单货品界面，单击【添加货品】按钮，填写出库货品的数量，单击【保存订单】按钮，如图 5-25 所示。

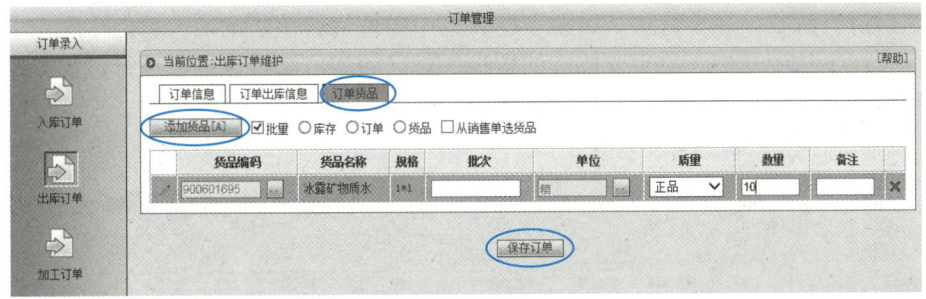

图 5-25　订单货品录入

选中刚才新增的订单，单击【生成作业计划】按钮，如图 5-26 所示。

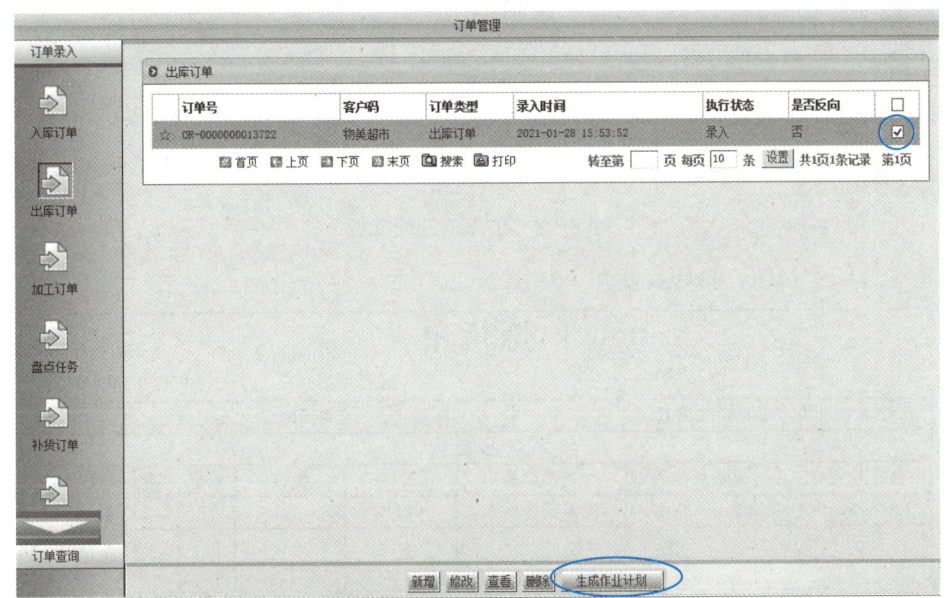

图 5-26　出库作业计划生成

查看此笔新增的作业订单信息，单击【确认生成】按钮，如图 5-27 所示。

· 125 ·

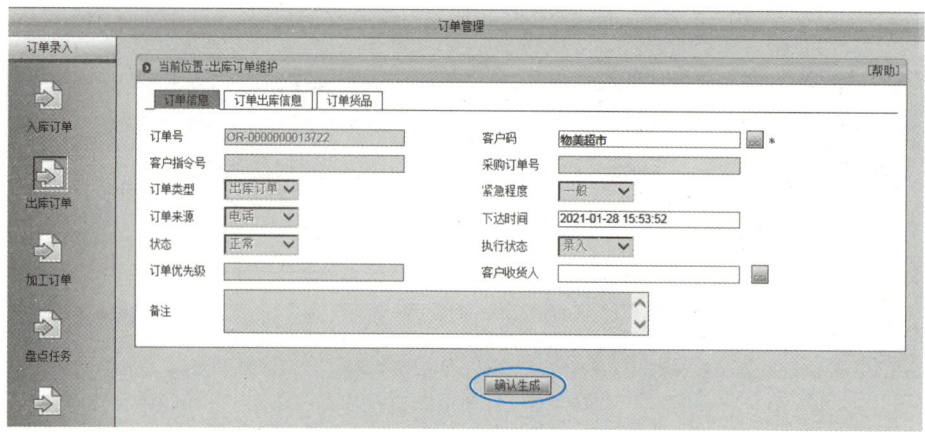

图 5-27　确认生成出库订单

选择【仓储管理】→【出库作业】→【出库预处理】，选中刚才的出库订单，单击【调度】按钮后进行拣货。在【待拣货结果】栏，选中要拣货的该条记录，单击【库存】按钮。在“库存”栏下选中一栏，填写要拣货的数量，对区和储位编码也可以进行选择，单击【拣货】按钮，则在“已拣货结果”栏出现该条记录。如图 5-28 所示。

图 5-28　出库预处理拣货

单击【打印】按钮，打印拣货单，如图 5-29 所示。

拣货单

操作编码:　　0000000000046535

作业单号	0000000000023302	库房	实训库房

货 品 明 细

位置	货品编码	货品名称	规格	批次	应拣	实拣	单位	备注
E01695-A00104	6910183004297	冰露矿物质水	1*1		10		箱	

打印

图 5-29　打印拣货单

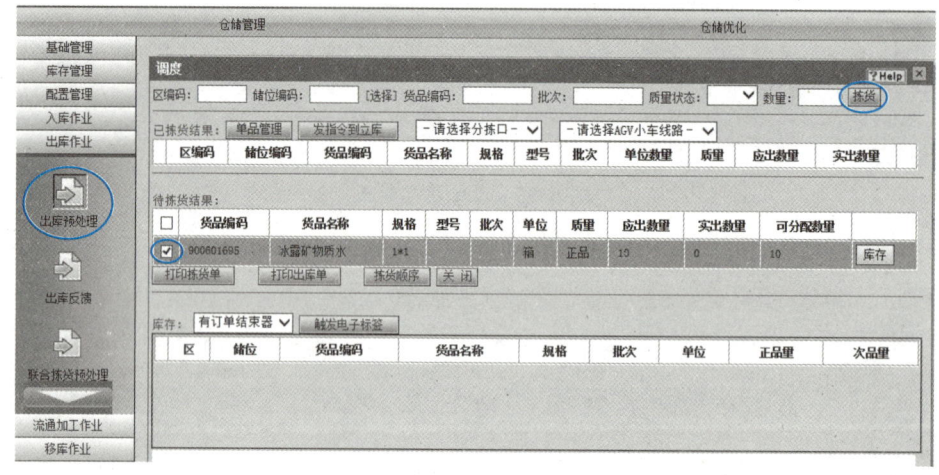

项目五 走进电子商务物流信息

单击【打印】按钮，打印出库单，如图5-30所示。

出 库 单

作业计划单号

配货中心 仓库　　　　　　　　应发总数：10.0　实发总数：

客户名称：　　客户编号：　客户指令号：　日期：

产品名称	条形码	规格	单位	应发数量	实发数量	货位号	批号	备注
冰露矿物质水	6910183004297	1*1	箱	10				

图5-30　打印出库单

单击【调度完成】按钮，则到【作业反馈】界面。

选择【仓储管理】→【出库作业】→【出库反馈】，选中刚才的出库单，单击【作业计划单反馈】按钮，对用户的作业单进行反馈，单击【完成】按钮，则库管员把完成的出库操作反馈给调度，如图5-31所示。

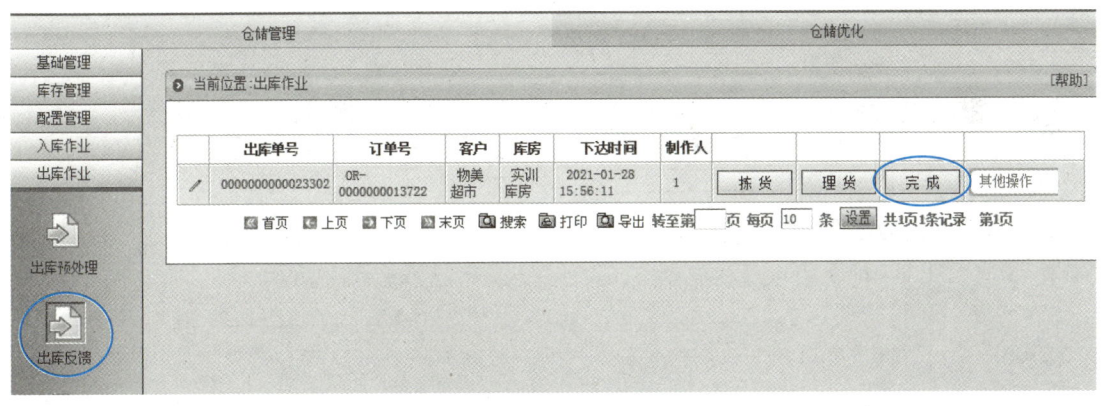

图5-31　完成出库反馈

步骤三：进入TMS系统，录入配送订单，生成作业计划，进行配送补录、配送调度、打印取（派）通知单，完成配送签收。

选择【订单管理】→【配送订单】→【新增】，录入配送订单信息，如图5-32所示。

确认信息录入正确后，单击【保存订单】按钮，如图5-33所示。

选择录入的配送订单，单击【生成作业计划】按钮，如图5-34所示。

在弹出界面单击【确认生成】按钮，如图5-35所示。

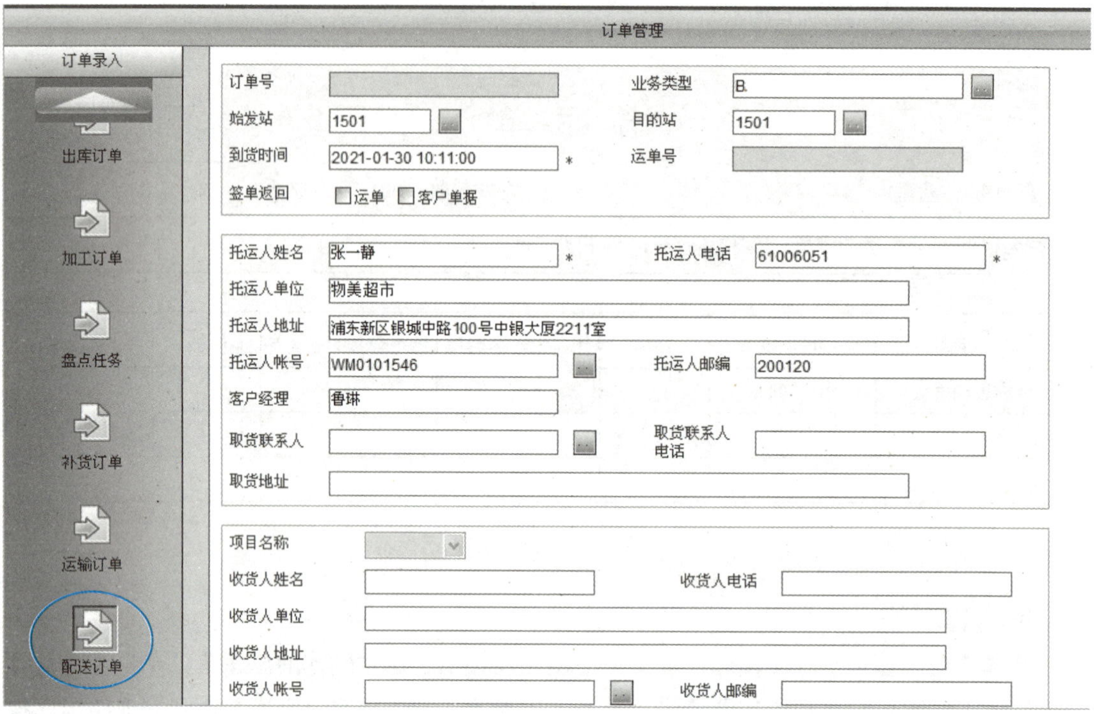

图 5-32　录入配送订单信息

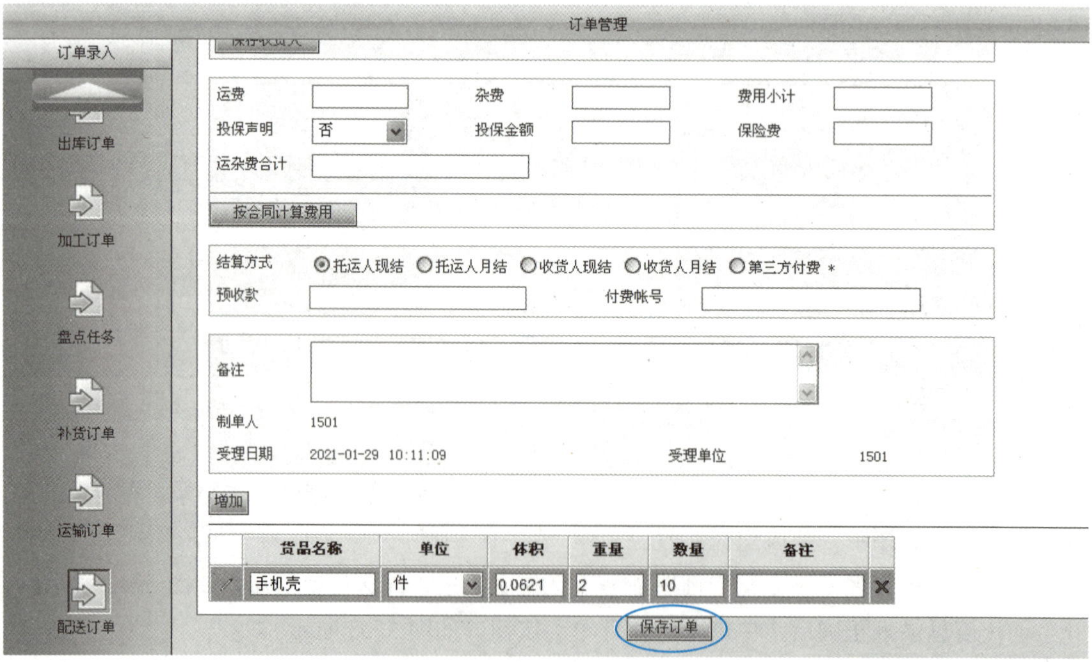

图 5-33　保存订单

项目五 走进电子商务物流信息

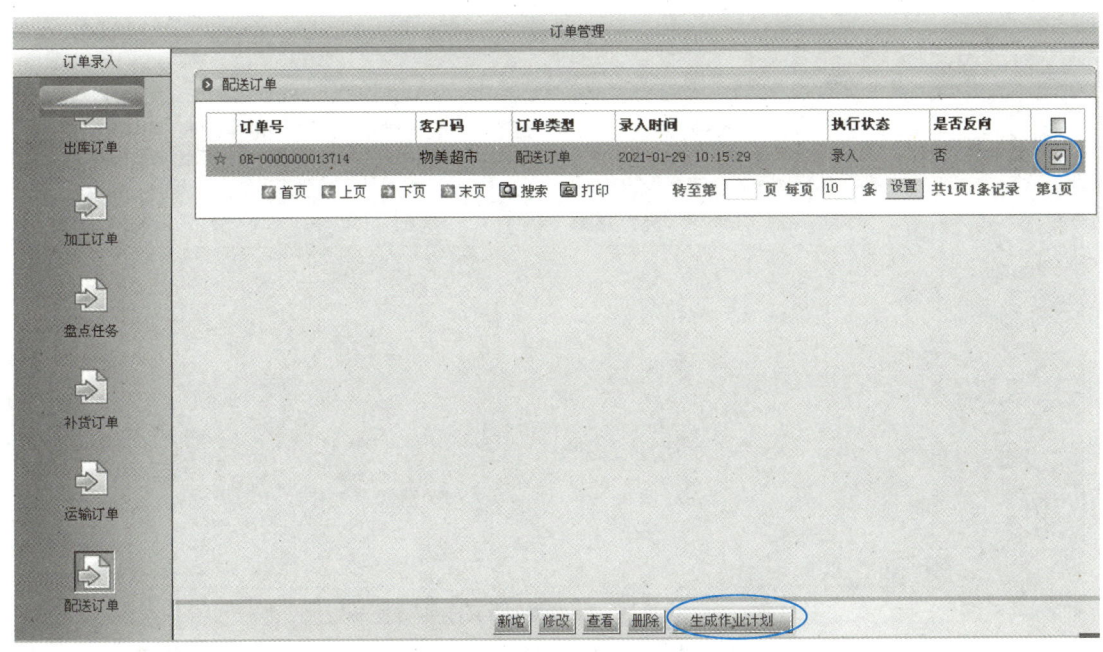

图 5-34 配送作业计划生成

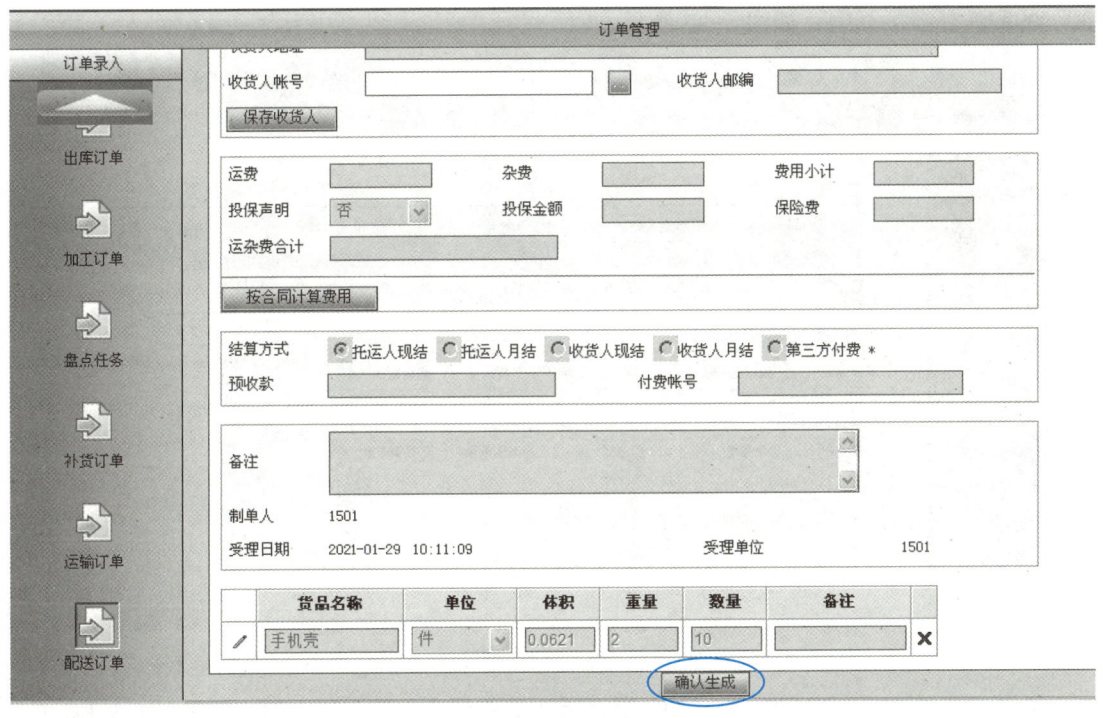

图 5-35 确认生成配送订单

选中运单，单击【修改】按钮，可以对运单信息进行修改，然后保存；单击【查看】按钮，可以查看配送任务的具体信息；单击【费用调整】按钮可以进行费用的调整。审核无误后则可单击【提交复核】按钮，如图 5-36 所示。

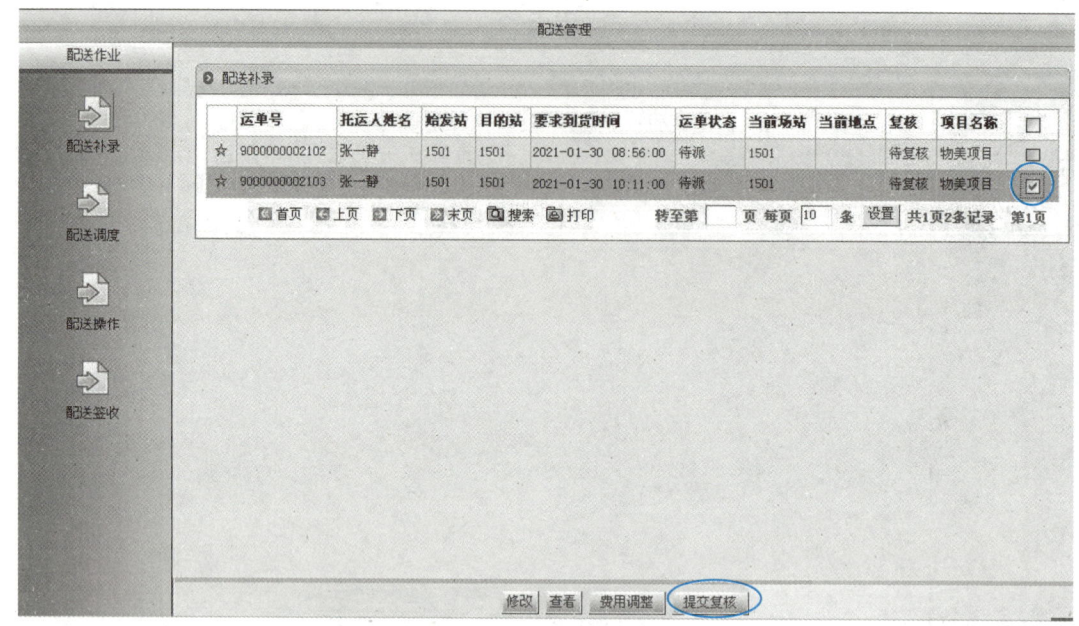

图 5-36　配送订单提交复核

选择【配送管理】→【配送作业】→【配送调度】，界面显示的是运输调度状态为"待派"的配送任务的列表，如图 5-37 所示。

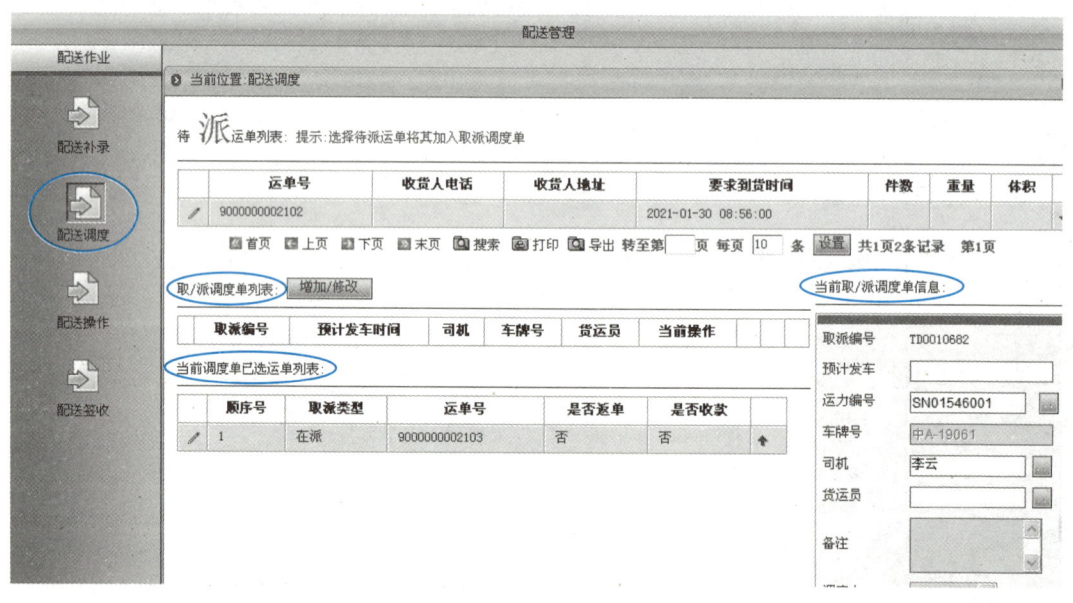

图 5-37　配送调度

单击【增加/修改】按钮，在"当前取/派调度单信息"栏中填入相应信息，单击【保存】按钮。之后在"取/派调度单列表"中将新增一张取派单，选择预计发车时间、司机等，单击【保存】按钮，则"取/派调度单列表"中出现一张新的取派单。

在"取/派调度单列表"中选择一个取派单，从"待取运单列表"或"待派运单列表"中选择运单，并单击向下的箭头，则该运单被添加到取派通知单中并被显示在"当前调度单已选运单列表"中。

在"取/派调度单列表"中选中一条记录,"当前取/派调度单信息"和"当前调度单已选运单列表"的信息将随之变化,此时可以修改信息。

调度人员单击【打印】按钮,打印取(派)通知单,再单击【提交】按钮,场站操作人员即可在【场站作业】→【扫描】→【取派操作】中看到待取派的信息,并完成取派操作,如图 5-38 所示。

取(派)通知单

单号	TD0010683			操作站			
资源	车辆	中A-19061		车型			
	操作员		人	预计操作时间		小时	
总数量		10.0件	总重量	2.0kg	总体积	0.0621M³	

客户信息

运单号	顺序号	地址	电话	姓名	类型	返单	收款
9000000002103	1				在派	否	否

货品信息

运单号	货品名称	件数(件)	重量(kg)	体积(M3)	备注
9000000002103	手机壳	10	2	0.0621	
填表人:			填表时间:	年 月 日	

[打印]

图 5-38 打印取(派)通知单

选择【配送管理】→【配送作业】→【配送操作】,界面显示的是所有从配送自动调度提交过来的派送任务列表,选中一条记录单击【查看】按钮,可以查看一个配送任务的具体信息。

单击【场站扫描】按钮,进入到派送任务列表。派货前要将待派的货品数据下载到手持设备上;出站时,工作人员扫描货品标签。如果数目相符,表明派出的货物数量正确。系统将分别显示所有需要派送的运单列表。在列表中"当前操作"字段会显示出运单需要进行的动作是"出站扫描",如图 5-39 所示。

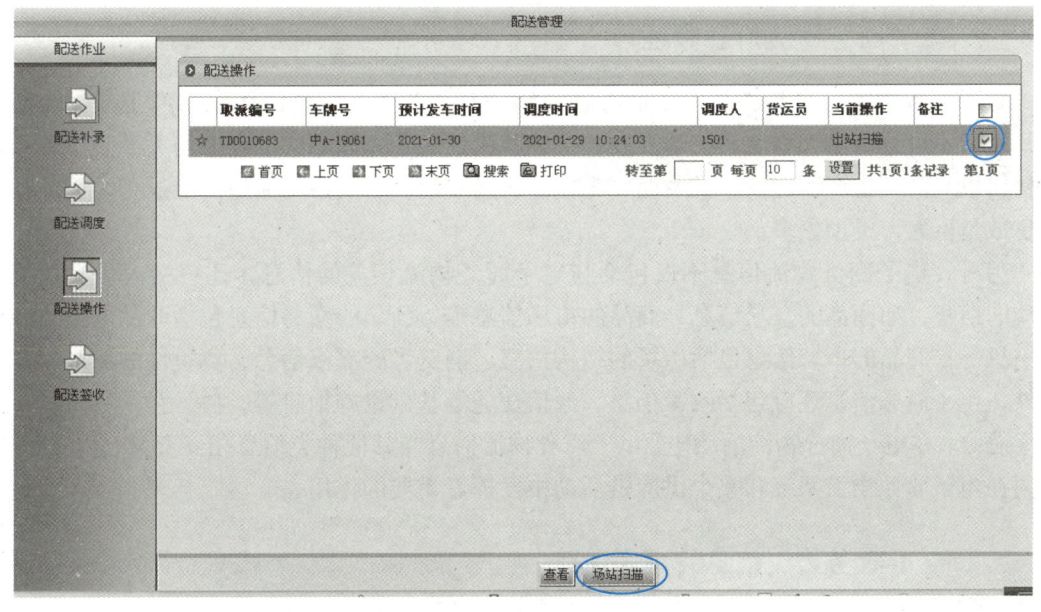

图 5-39 场站扫描

当客户收到货物后，客服人员对客户已签收的货物做签收录入。单击【配送管理】→【配送作业】→【配送签收】，列表中会自动列出所有要做签收录入的运单；也可输入运单号，查出某一运单，进行签收录入。录入签收人和签收时间，单击"操作"字段下的""，进行确认，如图5-40所示。

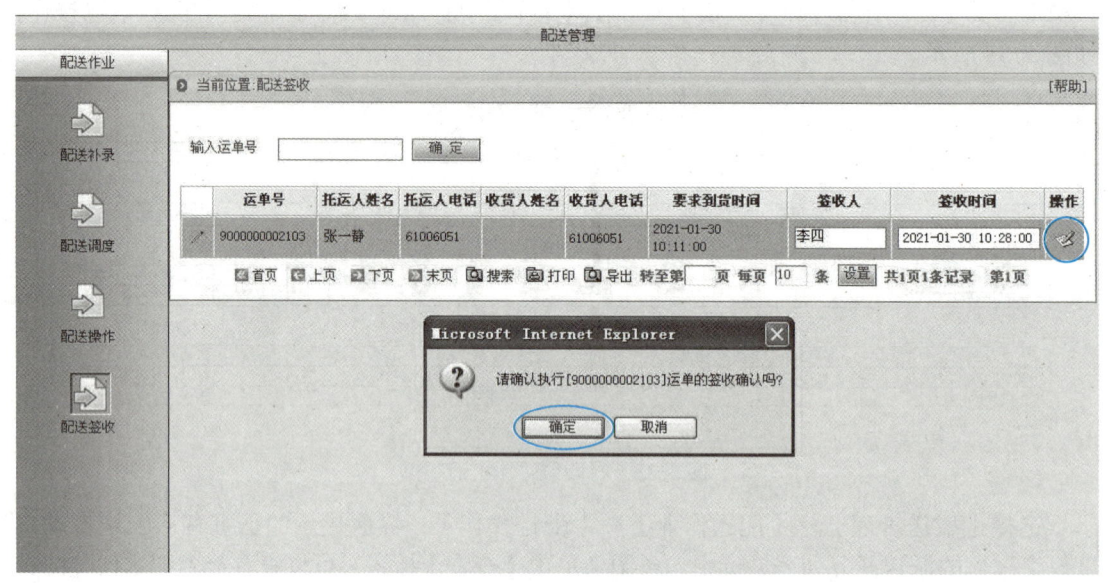

图5-40　签收确认

知识链接

一、电子商务物流信息概述

电子商务物流信息是指与电子商务物流活动有关的信息。物流信息的产生与物流活动的开展密不可分。由于物流系统是涉及社会经济生活各个方面的错综复杂的大系统，关系到原材料供应商、生产制造商、批发商、零售商、最终消费者及市场流通的全过程，因此物流信息数量巨大，类型繁多。

另外，电子商务物流信息不仅包括与电子商务物流相关的信息，还包括大量其他流通活动的信息，如商品的交易信息、商品的市场信息等。商品的交易信息包括商品的销售和购买信息等；商品的市场信息包括市场的结构信息、消费者的需求信息、竞争性的商品信息。此外，电子商务信息还应包括政策信息、通信交通等基础设施信息等。

总之，在电子商务物流活动中，电子商务物流信息与其他种类信息相互交叉、相互融合，共同在电子商务物流系统和整个供应链活动中发挥着重要的作用。

二、电子商务物流信息管理系统

电子商务物流信息管理系统是利用计算机硬件、软件、网络通信设备及其他设备，进行物流信息的收集、传输、加工、储存、更新和维护，以支持物流管理人员和基层操作人员进行物流管理和运作的人机系统。

物流信息管理系统主要由以下几个部分构成：仓储管理及仓储作业管理、运输及配载管理、财务管理、人力资源管理。

物流信息管理系统是整个物流系统的心脏，是电子商务物流企业的灵魂。对于电子商务物流企业来说，拥有物流信息管理系统，在某种意义上来说比拥有车队、仓库更为重要。物流信息管理系统在物流运作过程中非常关键，并且自始至终发挥着不可替代的中枢作用。

三、物流信息系统的组成

通常认为，物流信息系统中最主要的子系统包括订单管理系统（Order Management System，OMS）、仓储管理系统（Warehouse Management System，WMS）和运输管理系统（Transport Management System，TMS）。每个子系统包括各种交易信息，也是决策工具，帮助企业或组织为特定的物流活动制订计划。这些子系统之间存在信息交换，整个物流信息系统与其他信息系统之间也相互交换信息，构成了一体化的信息系统。

1. 订单管理系统

订单管理系统是物流信息系统的前端。客户在需要产品时会下订单，这些信息最先传到订单管理系统。在物流信息系统中，需要通过复杂的应用软件来处理复杂的订单管理环节，如接收订单、整理数据、订单确认、交易处理等。

（1）接收订单。其作用是接收并确认订单来源。当系统收到一份订单时，会在管理人员的协助下审核订单信息的完整性和准确性，并自动识别该订单的来源以及下订单的方式，统计客户是通过何种方式（电话、APP、官方网站等）完成的订单。之后，系统会自动根据库存清单检索订单上的货物目前是否保有存货。

（2）支付处理。系统会自动根据客户提交时提供的支付信息处理转账业务、信用卡业务以及赊欠账业务。如果客户填写的支付信息有误，系统将及时通知客户进行更改或者选择其他合适的支付方式。同时，系统会和企业财务系统相联系审核客户的资信状况。

（3）订单确认与处理。信息系统会在管理人员的参与下判断是否可以按照客户要求的时间配送货物，并为客户发送订单确认信息。随后，格式化订单会被发送到离客户最近的配送中心或工厂，制订生产计划或扣减库存、安排运输，并准备发票。

在整个过程中，订单管理系统同仓库管理系统、企业财务系统之间存在密切的信息交流和互动。例如，客户通过互联网下订单后，需要物流系统迅速查询库存清单，查看库存状况，而这些信息随后又通过订单确认程序再度反馈给客户。

2. 仓储管理系统

仓储管理系统与订单管理系统联系密切，某些仓储管理系统本身就包括订单管理系统。该信息子系统主要协助管理物流系统中位于储存状态的货物及其相关信息，其主要功能包括收货管理、入库管理、库存管理、拣货和出库发运管理等。

（1）收货管理。这是货物进入仓库管理系统的入口。产品从运载工具上卸下之后，系统自动或借助手动方式利用条码或无线射频识别系统将货物相关信息输入仓储管理系统。通过比对产品编号、供应商编号，就可以收到所进货物的详细信息。

（2）入库管理。针对需要在仓库中短期存储的货物，系统会根据产品的物理属性、存储要求检索出仓库现有空间和库位信息，根据事先设定的存储规则，指定货物该存放的地点以及作业方式。

（3）库存管理。系统持续将仓库内的存货水平进行检测，随时提供仓库内的存货清单，并自动或在管理人员的配合下完成存货补给工作。自动补货系统会根据设定的再订货点自动生成订单，要求供应商补进存货。

（4）拣货。仓库管理系统会在接收到订单信息后，根据订单内容安排货物的分拣、包装以及发运任务。在这个阶段，有的仓库还会提供一些增值服务，如根据客户特殊需求对物品进行包装等。因此，需要根据设定的规则生成有效的拣货单和发运单。

（5）出库发运管理。商品出库发运是仓储管理系统的最后操作环节，仓储系统发出出库订单信息后，根据发运单，做好货品出库准备，审核出库凭证，复核备货，与提货人进行货品交接。清理现场后，在信息系统中完成办理销卡、登账手续。如出库过程中出现退货，则在系统中录入退货入库订单、办理退货入库，最后完成入库反馈。

3. 运输管理系统

运输管理系统的主要目标包括根据运输需求选择运输方式或指定承运人、制订运输计划、进行货物跟踪、运费单审核和投诉处理等。

（1）选择运输方式或指定承运人。运输管理系统可以根据每个订单对运输服务的要求、货物自身的特点和承运人的服务能力来选择运输服务质量和成本的最优组合，确定最佳的运输方式，选择报价合理、服务优质的承运人。

（2）制订运输计划。运输计划包括将不同批次的货物并成一批，集中运输以减少运输成本，合理安排运输时间和线路等，根据不同情况生成发送计划、车辆调度计划等。

（3）进行货物跟踪。越来越多的承运人可以向客户提供货物跟踪服务，通过条码、无线射频设备、GPS设备等可以轻易获知货物所在的位置，并通过网络或其他通信手段随时通报给客户。

（4）运费单审核和投诉处理。由于承运人的运费计算系统往往十分复杂，计算机控制的运输管理系统可以快速搜索出运输的最低成本，并与运费单进行比较。如果客户针对运费进行投诉，通过系统可以很快地进行处理。

四、物流信息系统的作用

1. 有利于提高物流活动的有效性

在信息不充分的情况下，物流运输得不到足够的信息支持。比如，货物不必要的流动造成资源的浪费，或货物运输未选择最短的路径而造成不必要的损失等。通过物流信息系统，可以充分利用物流活动中的相关信息，科学地计划和组织物流活动，合理利用和分配有效资源，从而提高物流活动的有效性。

2. 有利于提高物流系统的运行效率

物流系统是一个复杂的、庞大的系统，其中又分为很多的子系统，同时各系统交织在一起，紧密联系。只有充分应用现代信息化技术，才能使整个物流系统合理化运作；只有提高物流系统的各环节、各子系统的信息化水平，才能提高整个物流系统运行的效率。

3. 有利于提高物流服务水平

物流信息系统可以使信息同步且集成，提高信息的实时性与准确性，供需双方可以充分地交互和共享信息，使得物流服务更准确、响应速度更快、客户满意度更高。

4. 有利于提高物流运作的透明度

信息技术的应用使得物流过程中货物的状态和变化透明化，使得物流成本和费用的实际情况更容易被掌握，从而增强了信息的准确性。同时由于动态信息的及时掌握，可以根据情况做出快速而有效地反应，实现物流运作的动态决策。

任务评价

考评项目		分值/分	组内评价	他组评价	教师评价	实际得分
考评标准	使用 WMS 系统完成货物的入库作业订单处理	30				
	使用 WMS 系统完成货物的出库作业订单处理	30				
	利用 TMS 系统完成物品配送作业	30				
	时间分配	10				
合 计		100				

注：实际得分 = 组内评价 ×30%+ 他组评价 ×30%+ 教师评价 ×40%。

知识拓展

圆通云仓推出 Y-WMS 3.0 仓储管理系统

2021 年 12 月 1 日，圆通云仓推出 Y-WMS 3.0 仓储管理系统。圆通云仓是圆通科技自主研发，服务 2022 杭州亚运仓配推出的智能仓储管理系统。圆通云仓 Y-WMS 3.0 是专业的仓储管理系统，便捷灵活、安全稳定，可以通过解决仓储管理中存在的痛点问题，对业务流程和作业场景中各环节进行管控，提升仓储管理水平和作业效率。

圆通云仓具有功能全、信息安全、效率高、成本省四大优势，并具有仓库精细化管理、规则自定义配置、全程 RF 作业、上下游系统对接、仓库运行实时监控等特点。圆通云仓以仓储智能化为核心，应用场景覆盖鞋服百货、食品零售、家具家电、数码科技、智能制造、医疗冷链等领域。

具体而言，在收货管理方面，圆通云仓支持预约收货、容器收货等多种收货方式。分拣收货时，系统根据规则进行分拣扫描，快速实现SKU多而杂的收货，提高分拣效率。

在上架管理方面，支持PC/RF上架作业，引入上架推进策略，实现智能上架。

在波次管理方面，圆通云仓可以根据周转规则、分配规则、拣货规则等多种规则动态组合设置不同的波次规则，同时系统引入自动波次，使作业更加有序。

在拣货管理方面，支持Paper、RF拣货，设置拣货回单功能。

在复核装箱方面，支持多种复核作业，包括逐件扫描、单订单单件复核、单品多件复核等，并结合后置打单，提高出库效率。

在交接发运方面，圆通云仓可以有效地与物流商交接，并拦截异常订单。

在查询系统方面，圆通云仓APP功能多，操作简便无障碍，库存同步更新，移动化办公效率更高，并能提供各作业流程记录明细表、统计表、分析报表等。

在盘点管理方面，可以满足计划盘点、随机盘点、异动盘点三种盘点策略，同时各项盘点也支持盲盘、财务盘点、区域盘点等盘点方式。

资料显示，圆通云仓自2012年开始进行仓配网络建设，一直致力于利用信息化技术通过专业的仓储服务与快递网络优势，实现"全渠道仓储＋配送"的仓配一体化服务。目前，圆通云仓已在浙江、上海、广东、江苏等全国28个地区设立仓储基地，实现全国上百个仓库同时运作。

项目六

认识电子商务下的新型物流

任务一 认识电子商务下的第四方物流

 任务目标

1. 掌握第四方物流的概念和基本功能；
2. 了解第四方物流在电子商务环境下的特点和运作模式；
3. 认识第四方物流与电子商务的相互作用。

 任务描述

以下是四则关于第四方物流的信息：

（1）北京络捷斯特科技发展有限公司是一家专业从事物流培训与认证、物流系统研发与应用集成、物流管理咨询服务、就业服务与人事派遣的高科技物流教育产业集团公司。基于在物流行业多年的经验和对物流教育的理解，公司在物流教育市场领域取得了重大成就。公司基于物流岗位群技能，将企业级物流系统转化成培养学生真正技能的物流教学系统，并创新提出物流实验室建设方案。同时，结合目标职业教学改革，开发了基于工作过程的课程，采用先进的技术开发了虚拟现实的教学系统和影视课件。

（2）浙江通创智慧服务有限公司成立于2006年9月，注册资本1 006万元。2014年8月公司名称变更为浙江通创智慧物流服务有限公司，企业致力于智慧产业及智慧物流的研究规划、运营实施和培育辅导，是一家有多项自主知识产权，集企业运营技术研究、市场数据采集分析、各类物流园区策划执行、物流技术研发应用、物流与供应链公共服务平台运营、物流信息交易中心营运、物流人力资源服务于一体的智力型、高科技型物流产业链服务企业。

（3）2017年1月开始，江西省供销联社开始陆续在寻乌、广昌等十多个县域试点推进"互联网+第四方物流"模式，利用互联网云计算和大数据技术，为快递、快消品、农产品、农资企业提供"统一仓储、统一分拣、统一配送"服务。"互联网+第四方物流"模式是建立买方(第一方物流)、卖方(第二方物流)、配送企业(第三方物流)以外的共享人、仓、车集配物流体系(即第四方物流),可以解决农产品上行"最先一公里"和农民生活、生产资料下行"最后一公里"问题,发挥城乡末端物流的"毛细血管"作用。

(4) 2021年6月,INFINITY L&T宣布,为了推动公司进一步发展,该集团将进军新的业务领域,以提供第四方物流(4PL)及领先物流供应商(LLP)服务。作为一间第四方物流及领先物流供应商,该集团将能协助其客户处理订单管理、法律合规、仓储及供应商管理等事宜,同时让其客户专注于其核心业务及高价值项目。有关扩充不单将提升存货监控、网络连接及设备配置的效率,亦将为该集团以更具策略性的方式(包括使用先进分析法)迈向使用供应链及物流数据的重要一环。

那么这几则信息中所讲述和提及的第四方物流是什么呢?第四方物流有哪些基本功能?在当前的电子商务大环境下,第四方物流又是怎么运作的呢?

任务实施

步骤一: 通过资料查询和互联网查询等方式了解这四家企业的基本信息,完成表6-1。

表6-1 企业基本信息

序 号	企业名称	基本情况	主要特色
1			
2			
3			
4			

步骤二: 了解相关材料后,试阐述第四方物流的概念。
第四方物流是_____。
步骤三: 分析任务描述中第四方物流企业各自的基本功能,完成表6-2。

表6-2 第四方物流企业基本功能分析表

任务描述	物流企业	基本功能
(1)		
(2)		
(3)		
(4)		

步骤四：试研究第四方物流在电子商务环境下的运作模式，完成表 6-3。

表 6-3　电子商务环境下第四方物流企业运作模式分析表

企　　业	运　作　模　式	注　意　事　项
络捷斯特		
通创智慧		
江西省供销联社		
INFINITY L&T		

知识链接

一、第四方物流

1. 第四方物流的概念

第四方物流（Fourth Party Logistics，4PL）是 1998 年美国埃森哲咨询公司率先提出的。第四方物流是一个供应链的集成商，它将公司内部和其他具有互补性服务功能的供应商所拥有的不同资源、能力和技术等进行整合和管理，并提出一套综合性的供应链解决方案。第四方物流专门为第一方、第二方和第三方提供物流规划、咨询、物流信息系统、供应链管理等活动，它本身并不承担具体的物流运作活动。

2. 第四方物流的基本功能

（1）供应链管理功能，即管理从供货商、托运人、生产商、销售商到顾客的供应全过程。

（2）运输一体化功能，即负责管理运输公司与物流公司在业务操作上的衔接与协调问题。

（3）供应链再造功能，即根据供应链战略实际要求，及时改变或调整战略战术，使其经常处于高效运作的状态。第四方物流的关键是以"行业最佳的物流方案"为客户提供服务与技术。

二、电子商务环境下第四方物流的特点

1. 提供综合性解决方案

第四方物流的特点之一是提供一个综合性供应链解决方案，它尽可能地集中全部资源为客户妥善地解决问题，以有效地满足客户多样化和复杂的需求。综合供应链解决方案包括：

（1）实现供应链再建。供应链参与者将供应链的规划与实施同步进行，或以加强相互间的合作来扩大规模和提高总量。供应链再建改变了传统的供应链管理模式，它将商贸战略与供应链战略有机地结合起来，创造性地重新设计了供应链参与者的各个角色，使之达到一体化标准。

（2）实现功能转化。主要是针对销售、配送、采购、客户响应以及供应链技术等，通过战略调整、流程再造、整体性改变等，使供应链运作实现一体化。

（3）实现业务流程再造。将客户与供应商的信息技术系统一体化，把人的因素和业务规范有机结合起来，使整个供应链规划和业务流程能够有效地贯彻实施。

（4）实施第四方物流，开展多功能、多流程的供应链管理，其范围可远远超出传统外包运输和仓储运作的物流服务范畴。企业甚至可以把整条供应链全权交给第四方物流运作，而第四方物流则可为企业提供供应链功能或流程再造等方面的完整服务。

2. 影响供应链获得价值

第四方物流的特点之二是通过影响整个供应链来获得价值。简单地说，它能够为供应链参与者带来利益。带来的利益包括：

（1）利润增长。第四方物流的利润增长与否，主要取决于服务质量、实用性和物流成本等因素的提高或降低。由于第四方物流关注的是整条供应链，而非仓储或运输单方面的效益，因此其带来的效益主要在于综合效益方面。

（2）运营成本降低。通过整条供应链外包来实现运作效率提高和采购成本降低的目的。

（3）工作成本降低。采用现代化技术手段，实现标准化管理，使工作成本大幅度降低。

（4）资产利用率提高。通过第四方物流来减少固定资产的占用，从而提高资产利用率，使客户获得更多的经济效益。

三、电子商务环境下的第四方物流主体

在电子商务环境下，要成为第四方物流主体，必须具备整合社会物流资源、对整个物流过程提供策划方案以及利用电子商务进行集成的能力。因此，成为第四方物流的主体必须满足一定的条件：第一，企业本身不是生产方和购货方；第二，企业有完善的信息系统，可实现信息共享；第三，能提供专业的供应链管理服务；第四，企业有区域化甚至全球化的地域覆盖能力和信誉度；第五，熟悉电子商务业务及流程。当前具备足够条件发展为第四方物流主体的，主要集中在第三方物流服务提供商、IT服务提供商、供应链管理咨询公司这三种组织类型。

四、电子商务环境下的第四方物流运作模式

收货企业通过电子商务网站下单后，由发货企业委托第四方物流供应商进行物流运作。第四方物流供应商则通过对配送要求、货物性质与数量、配送方式、配送路线、时间要求等进行全面分析，并协调第三方物流服务提供商、IT服务提供商、供应链管理咨询公司等合作伙伴来具体实施物流运作。收货企业收到货物后，把收货信息反馈给发货企业。通过这样一种物流运作，也可以说是配送方式来为电子商务企业提供个性化、多样化的供应链解决方案。在整个过程中，第四方物流供应商成为一个中立的解决方案和外包服务供应商，它独立于电子商务企业和第三方物流企业，站在宏观及客观的角度对供应链进行协调整合，使整个供应链实现了增值，使整个物流过程更加有效、快捷和低成本，从而也体现了电子商务的真正优势。

五、第四方物流与电子商务的相互作用

（1）发展第三方物流，做强第三方物流市场为电子商务和第四方物流的发展打下良好的基础。高度发达和具有强大竞争能力的第三方物流是第四方物流发展的基础，也是发展第四方物流的必要前提。电子商务的成功完全依赖于发达的物流配送，配送任务也主要由第三方物流来完成，在欧美发达国家，现代化的物流已经成为决定电子商务成败的关键因素。要保证电子商务环境下的供应链顺畅、协调，就需要构建和不断完善物流配送体系。

（2）第四方物流企业可发挥自身优势进军电子商务领域。目前电子商务发展最大的投入及制约因素就是物流，第四方物流公司如果借助自身优势，搭建自己的交易、支付平台及物流信息平台，在物流覆盖范围之内提供电子商务服务，发挥自身在速递、快运方面专业电子商务公司无法比拟、不可复制的优势，这在未来市场上会有很大的发展空间。

（3）建立战略联盟，实现电子商务与第四方物流共同发展。电子商务企业选择与第四方物流企业建立可靠的战略联盟。第四方物流企业也要与相关行业建立起战略联盟关系，形成品牌效应，提升影响力和客户忠诚度。

任务评价

考评标准	考评项目	分值/分	组内评价	他组评价	教师评价	实际得分
	搜索企业信息全面	10				
	能阐述第四方物流的概念	20				
	第四方物流企业各自的基本功能分析	20				
	电子商务环境下第四方物流企业运作模式分析	20				
	语言表达	15				
	团队合作	15				
	合　计	100				

注：实际得分 = 组内评价 ×30%+ 他组评价 ×30%+ 教师评价 ×40%。

知识拓展

第四方物流企业的运作模式

第四方物流的优势来自对第三方物流服务商、信息技术服务商和管理咨询服务商等各方能力的整合。第四方物流服务提供的方案需要对三类主体的能力进行有效结合。在这三类主体发展基础上产生的第四方物流的运作模式有以下几类。

1．协同运作模型

在该运作模式下，第四方物流服务供应商不直接与企业客户接触，而是通过第三方物

流服务供应商将其提出的供应链解决方案、再造的物流运作流程等予以实施。第四方物流与第三方物流共同开发市场，在开发的过程中第四方物流向第三方物流提供技术支持、供应链管理决策、市场准入能力以及项目管理能力等，它们之间可以形成战略联盟关系。

2．方案集成商模式

在该运作模式下，第四方物流作为企业客户与第三方物流的纽带，将企业客户与第三方物流连接起来，这样企业客户就不再需要与众多第三方物流服务供应商进行接触，而是直接通过第四方物流服务供应商来实现复杂的物流运作管理。在这种模式下，第四方物流作为方案集成商除了提出供应链管理的可行性解决方案外，还要对第三方物流资源进行整合，统一规划，为企业客户服务。

3．行业创新者模式

行业创新者模式与方案集成商模式有相似之处，两者都是第三方物流和客户沟通的桥梁，将物流运作的两个端点连接起来。两者的不同之处在于，行业创新者模式的客户是同一行业的多个企业，而方案集成商模式只针对一个企业客户进行物流管理。在这种模式下，第四方物流提供行业整体物流的解决方案，这样可以使第四方物流运作的规模更大限度地得到扩大，使整个行业在物流运作上获得收益。

4．动态联盟模式

这是由第三方物流、咨询机构、供应商、制造商、分销商等一些相对独立的服务商以及客户，由市场机会所驱动，通过现代信息技术连接的，在某段时间内结成的供应链合作联盟。

任务二　认识电子商务下的农产品物流

任务目标

1．掌握电子商务环境下农产品物流的特征；
2．通过调研掌握电子商务中农产品物流的保鲜措施。

任务描述

2020年10月，浙江天台绿色农产品物流园内"天台大农场"城市展厅开始营业，成为天台特色农产品"走出去"的窗口。天台县线上线下同步发力，线下打造"物流园＋产地市场＋种养殖基地＋小农户"和"物流园＋中心店＋社区生鲜店"两种农产品流通模式；线上通过开展集团配送服务、开发"好菜台"APP，构建农产品电商体系。本次课老师将带领大家对农产品物流进行调研，主要是明确农产品的特点，了解农业电子商务在配送中是何保证农产品的新鲜以及如何实现物流的高效性的。

任课教师对学生进行创业准备工作指导，带领学生了解农产品物流的特点及实现农产品保鲜的方法，完成农产品物流的创业方案。

项目六 认识电子商务下的新型物流

📖 小知识

现代食品电子商务产业园是浙江省首家以食品、生鲜配送为专业的综合性运营平台，将网络营销、手机端运营平台和社区配送融为一体，以互联网为平台，以帮助食品商户发展电子商务、为大学生们实现创业梦想为目标，并为广大入驻商户和创业者提供"五大平台"的一站式服务：

（1）电子交易平台：为企业提供PC、移动端线上交易及线下服务，无缝链接。
（2）互联网金融平台：为企业盘活经营资本提供投融资一体化服务。
（3）物流配送平台：为企业提供仓储、收货、分拣、发货等解决方案。
（4）创业支持平台：为企业提供创业辅导、法律咨询、人力培训、电子商务代运营、财务代理、创意推广。
（5）公共服务平台：为经营者提供企业注册、开户、税务登记、政策支持等"一站式"服务。

任务实施

步骤一： 了解农业电子商务的模式，模拟创业，确定小组电子商务模式。

各组确定模拟公司的名称及经营范围，在互联网上查资料了解农业电子商务的模式，并根据小组的实际情况选择合适的模式，完成表6-4。

表6-4 公司概况

公司名称	
经营范围 （确定本小组经营的农产品类型、送货范围）	
电子商务模式	

📖 小知识

农业电子商务的模式主要有以下几种：

1．信息联盟服务商务模式
农业信息具有季节性、地域性和综合性的特点，故此信息服务必须有时间观念，同时要具有全面性。

2．农民信息服务商务模式
这是投资建立农业电子商务网站最先想到的模式。农业电子商务网站的建立，在一定程度上满足了农民的信息需求，使农民能够了解更多的市场信息，并利用网络来销售农产品，给广大农民带来了不可预料的销售机会，增加了农民的收入，受到农民的欢迎。

3．企业信息服务商务模式
按各类行业分类发布最新动态信息，会员还可以分类订阅最新信息，直接通过电子邮件接收。

4．综合服务商务模式
综合服务商务模式是以信息流为先导，结合物流的一种商务模式。任何一种商务模式，要么提供服务，要么提供产品，或者两者兼之。综合服务模式的核心内容是信息流和物流相结合，利用企业传统的物流系统，加上农业网站先进的信息流系统，组成商业联盟，网站会员购买联盟企业的产品时实行优惠加积分制，每年根据积分多少给予会员一定的报酬。

步骤二： 确定农产品物流的特点，提出保鲜措施。

根据已确定电子商务的模式及农产品物流的特点确定农产品物流在各个环节所采用的保鲜措施及设备，完成表 6-5。

表 6-5　农产品物流特点及措施

农产品电子商务模式	
农产品物流的特点	

环　节	措　施	设　备

步骤三：根据农产品物流的特点及保鲜措施，完成创业方案（见表 6-6）。

教师介绍创业方案的操作要点，学生以小组为单位讨论完成，最后完成 PPT 的制作并展示。

表 6-6　电子商务创业方案

电子商务创业方案
分工安排：
经营范围：
农业电子商务模式：
农产品物流的环节及各个环节的保鲜措施：

项目六 认识电子商务下的新型物流

一、农产品物流概述

1. 农产品物流的定义

农产品物流是物流业的一个分支，指的是为了满足消费者需求而进行的农产品物质实体及相关信息从生产者到消费者的物理性流动。它是以农业产出物为对象，通过农产品产后加工、包装、储存、运输和配送等物流环节，做到农产品保值增值，最终送到消费者手中。

微课11
认识电子商务
下的农产品物流

农产品物流的发展目标是增加农产品附加值，节约流通费用，提高流通效率，降低不必要的损耗，从某种程度上规避市场风险。农产品物流的方向主要是从农村到城市，原因是商品化农产品的主要消费群体在城市。

2. 农产品物流的分类

（1）依据农产品物流系统的性质划分，可分为社会化专业物流和企业物流。

（2）按照农产品物流系统的空间范围划分，可分为国际农产品物流、国内农产品物流和地区性农产品物流。

（3）按照农产品物流业务是否外包划分，可分为自营物流和第三方物流。

（4）按照农产品物流系统作用的对象划分，可分为粮食作物物流、经济作物物流、水产品物流、畜牧产品物流、林材木及林产品物流和其他农产品物流。

3. 农产品物流的特征

农业生产最主要的特征是自然再生产和经济再生产交织在一起，农产品的生产、流通存在着非人力所能控制的风险。再加上许多农产品是人们的生活必需品，需求弹性小，这些特殊性使农产品物流具有以下特征：

（1）农产品物流运作的相对独立性。由于不同地区的气候、土壤、降水等存在差异，各地适宜种植的品种不同，农产品生产呈现出明显的季节性和区域性特征，而农产品的消费需求则是没有季节性和区域性的，这就决定了农产品物流过程中需要较大量的库存和较大范围的调度或运输；既要保持农产品的营养性，又要避免感染微生物而腐败变质，从而对物流设备和工作人员提出了较高的要求；安全卫生性，对其生产和储运提出了更高要求，如加工中要求无菌，产品配送过程中不能和有其他气味的商品混运，避免串味，还应注意配送中微生物和重金属的交叉污染等问题，对温度和湿度也有严格的规定等。

（2）农产品物流量大。农产品的生产基地在农村，而广大的农产品消费者生活在远离乡村的城市之中，为满足农产品消费在不同地域的需求，就必须将农产品从农村转移到城市，准确、快捷地传送到消费者手中，以实现农产品的最终价值。

（3）农产品物流技术要求高、难度大。农产品自身的生化特性和特殊性，使得农产品在流通过程中的保鲜、储存、加工等环节具有重要的地位并具有很强的生产性。而且，为了方便运输和储存，有些农产品在进入流通领域之后还需要进行分类、加工、整理等活动。

145

农产品在运输储存过程中,各自要求的输送设备、运输工具、装卸设备、质量控制标准均有不同,要求根据农产品各自的性质安排合适的运输工具,以确保农产品的品质达到规定的要求。

(4)农产品物流风险大。农产品生产的分散性和季节性,使得农产品物流的风险增大。农产品生产点多面广,消费地点分散,市场信息更加分散,让人们难以全面把握市场信息,容易造成供给并不适应人们的需求的状况;而且,由于农作物有生长过程,农产品生产受季节性限制明显,难以连续不断地生产,无法依农产品价格的高低在短期内有所增减,供给难以在短时间内进行有效调节,导致市场价格波动大。

二、农产品冷链物流

冷链物流(Cold Chain Logistics)也叫低温物流(Low-temperature Logistics),是一种特殊的物流形式,其主要对象是易腐食品(包括原料及产品)。冷链物流是以冷冻工艺学为基础,以人工制冷技术为手段,以生产流通为衔接,以达到保持食品质量完好与安全的一个系统工程。目前冷链物流适用的范围包括初级农产品(水果、蔬菜;肉、禽、蛋;水产品;花卉产品)、加工食品(速冻食品;禽、肉、水产等包装熟食;冰淇淋和奶制品;快餐原料)和特殊商品(药品)等。

农产品冷链物流主要包括冷冻加工、冷冻储藏、冷藏运输及配送、冷冻销售四个环节。

(1)冷冻加工:包括肉类、禽类、鱼类、蛋类的冷却与冻结,以及在低温状态下的加工作业过程;也包括水果、蔬菜的预冷。这个环节上主要涉及的冷链装备是冷却、冻结和速冻装置。

(2)冷冻储藏:包括农产品的冷却和冻结储藏,以及水果、蔬菜等的气调储藏。在此环节主要涉及各类冷藏库/加工间、冷藏柜(见图6-1)、冻结柜及家用冰箱等。

(3)冷藏运输及配送:包括农产品的中、长途运输及短途配送等物流环节。此环节主要涉及铁路冷藏车、冷藏汽车、冷藏船、冷藏集装箱等低温运输工具。在冷藏运输过程中,温度波动是引起农产品品质下降的主要因素。所以运输工具应该具有良好的性能,在保持规定低温的同时更要保持稳定的温度(拣选冷藏车见图6-2)。

图6-1 冷藏柜

图6-2 拣选冷藏车

(4)冷冻销售:包括各种冷链农产品进入批发零售环节的冷冻储藏和销售。此环节主要涉及冷藏/冷冻陈列柜和储藏柜。

项目六　认识电子商务下的新型物流

任务评价

考评项目		分值/分	组内评价	他组评价	教师评价	实际得分
考评标准	课前资料的收集及整理	10				
	明确农产品物流特点及保鲜措施	30				
	农产品电子商务创业方案详细完整	30				
	语言表达	15				
	团队合作	15				
	合　计	100				

注：实际得分 = 组内评价 ×30%＋他组评价 ×30%＋教师评价 ×40%。

知识拓展

农产品冷链物流的条件

（1）"三 P"条件："三 P"指的是农产品原料的品质（Produce）、处理工艺（Processing）和货物包装（Package）。要求原料品质好、处理工艺质量高、包装符合货物的特性。这是农产品在进入冷链时的"早期质量"。

（2）"三 C"条件："三 C"指的是在整个加工与流通过程中，对农产品的爱护（Care）、保持清洁卫生（Clean）的条件以及低温（Cool）的环境。这是保证农产品"流通质量"的基本要求。

（3）"三 T"条件：指"TTT"理论，即时间（Time）、温度（Temperature）、容许变质量（或耐藏性）（Tolerance）。该理论表明，冻结食品在储运过程中，因时间和温度的经历而引起的品质降低是累积的，并且是不可逆的，但与所经历的顺序无关。

（4）"三 Q"条件："三 Q"指的是冷链中设备的数量（Quantity）协调、设备的质量（Quality）标准的一致以及快速的（Quick）作业组织。

（5）"三 M"条件："三 M"指的是保鲜工具与手段（Means）、保鲜方法（Methods）和管理措施（Management）。在冷链中所使用的储运工具及保鲜方法要符合农产品的特性，并保证既经济又能取得最佳的保鲜效果；同时，要有相应的管理机构和行之有效的管理措施，以保证冷链协调、有序、高效地运转。

任务三　认识"海淘"物流

任务目标

1．学会海淘；
2．了解海淘物流的分类和过程；
3．认识海淘物流中存在的问题。

147

任务描述

王老师在"6PM"海淘网站上看中一条裙子,在下单付款之后完成了海淘购物。如何完成海淘订单呢?国外的货物又是如何通过物流千里迢迢地送到我们手中的呢?

让我们一起跟着王老师来一次海淘吧,并通过网上物流信息的提示了解整个海淘中货物的流转。

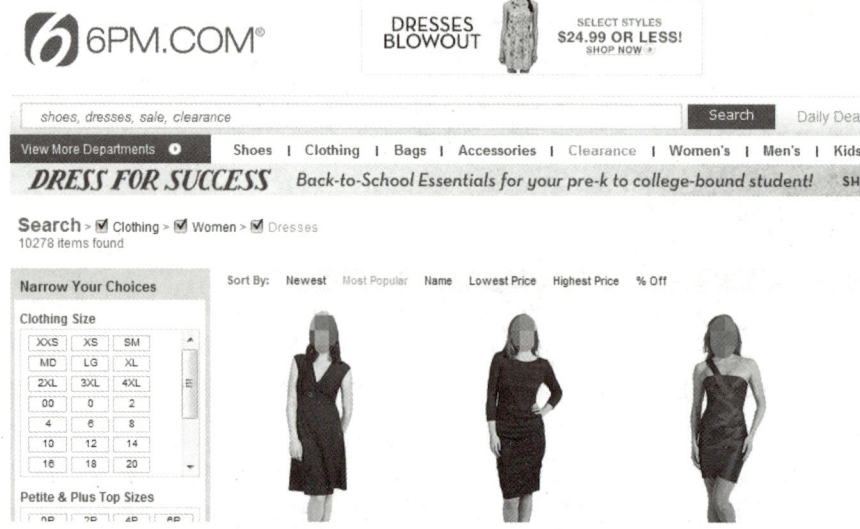

任务说明:要求参照案例,任课教师指导学生体验一次海淘网购。建议任课教师不要让学生花钱去体验,可以问一下身边的老师或朋友,如果他们本身有意愿购买,那么本次操作就由我们学生来代替完成。

 任务实施

步骤一:体验海淘。

根据任务要求,选择适当的海淘网站进行注册,这里以"6PM"为例,见表6-7。

表6-7 体验海淘步骤

序 号	步骤图示	步骤描述
1		登录"6PM"网站

（续）

序 号	步骤图示	步骤描述
2	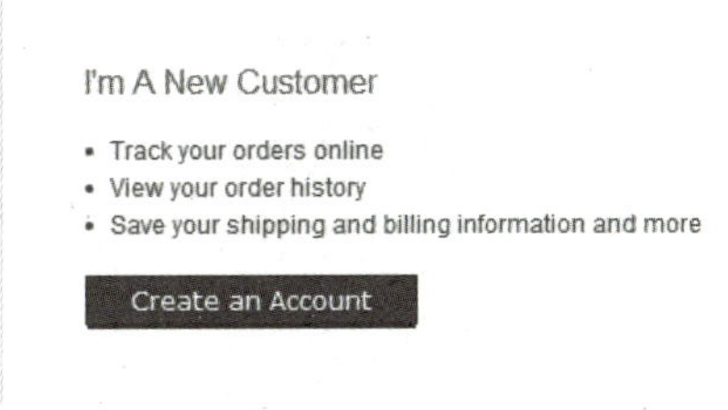	在"6PM"网站上进行用户注册
3		登录网页，选购商品
4		选中商品并加入购物车

步骤二：选择海淘物流方式。

各组讨论比较两种不同的海淘物流方式，确定本次任务的物流方式并说明原因，完成表6-8。

表6-8　两种海淘物流方式比较

比　　较	直邮方式	转运方式
优点		
缺点		
在选择的方式下打√		

步骤三：体验转运物流方式。

直邮物流流程相对简单，类似国内物流，仅多了一项清关环节，但是一些海淘网站还不支持直邮，比如"6PM"是不支持直邮的，这里我们以转运物流方式为例，见表6-9。

表6-9 转运物流流程

序 号	步 骤 图 示	步 骤 说 明
1		这里以中美速递为例，进行网站注册，并完善个人信息
2		获取转运公司在洛杉矶的地址
3		下单时把转运公司的地址填写好，要求电子商务网站把货物寄到海外转运公司的仓库
4		货物在到达转运仓库后3个工作日内会入库，登录网站后提交订单并完成支付，然后等待订单处理，同时完善收货地址信息
5		货物通过航班运送回国，清关放行
6		国内快递配送，送货上门

项目六 认识电子商务下的新型物流

> **小知识**
>
> 中美国际物流 CUL（China United Logistic），也称中美速递，服务人员皆拥有多年处理中美之间空海运进出口的经验，为集国际快递、国际货运、仓储配送、包装、对外贸易以及保险代理于一身的全方位配套的综合性国际物流企业，有着完善的国内外服务网络和良好的企业信誉。公司总部设在美国洛杉矶，并在免税州建有转运中心，直发中国各地。

知识链接

一、海淘

1. 海淘的概念

通过互联网搜索海外商品信息，并通过电子订单发出购物请求，由海外购物网站通过国际快递发货，或是由转运公司代收货物再转寄回国，这就是海淘，也称海外或境外购物。海淘的一般付款方式是款到发货（在线信用卡付款、PayPal 账户付款等）。

> **小贴士**
>
> PayPal（贝宝）是人们使用的最普遍的一种国际贸易支付工具，1998 年 12 月由 Peter Thiel 及 Max Lechin 建立，是一个总部设在美国加利福尼亚州圣荷西市的互联网服务商。

2. 海淘的流程

简单来说，海淘的流程如图 6-3 所示。

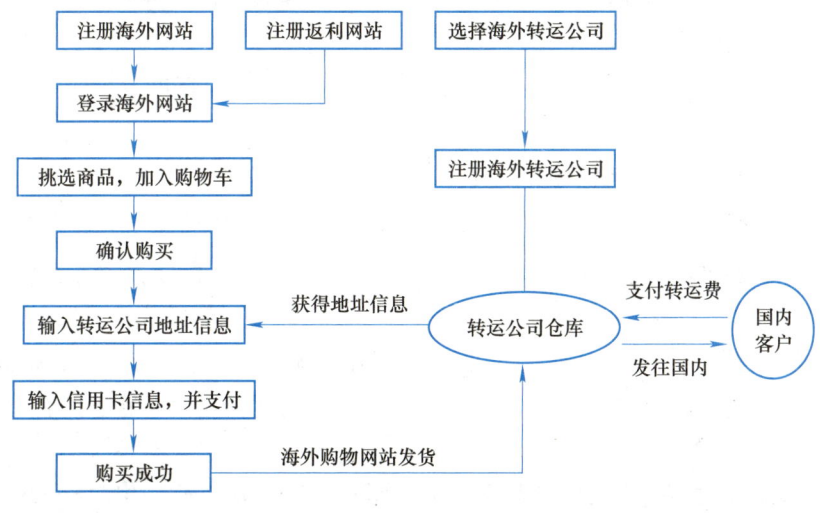

图 6-3 海淘流程图

（1）海外购物网站注册。

（2）返利网站注册（此环节可跳过）。

151

（3）注册海外转运公司，获得海外转运仓库地址和收货人信息（如支持直邮可跳过此环节）。

（4）通过返利网站链接到海外购物网站（也可直接登录海外购物网站）。

（5）开始挑选商品，加入购物车。

（6）挑选完毕，确认购买。

（7）输入海外转运公司提供的代收仓库地址和收货人信息（如果支持直邮可跳过此环节）。

（8）输入信用卡信息，支付货款。

（9）购物成功。

（10）海外购物网站发货。

（11）转运公司代收仓库收到包裹。

（12）支付转运费，提交转运回国内的发货指令（如果支持直邮可跳过此环节）。

（13）转运公司发货（如果支持直邮可跳过此环节）。

（14）快递送货上门。

二、海淘物流

1. 海淘物流的分类

（1）直邮。海外购物网站接受中国的信用卡付款并支持直接邮寄到国内。

1）优势：简单便捷，一旦货物丢单或者破损，可直接与购物网站交涉补发。

2）劣势：支持直邮的海外购物网站很少，而且运费贵。

（2）转运。在海外购物网站接受中国的信用卡付款，但不能直接邮寄到国内的情况下，就需要通过转运公司来实现购物了。网站商家负责将货品送到转运公司的仓库地点，转运商负责把商品运到国内消费者的手上。

1）优势：可选择的海外购物网站多、商品多；邮递速度有保证且可跟踪；转运费用相对直邮便宜。

2）劣势：周期比较长；若运输出现问题（如丢货情况）不易交涉。

2. 海淘物流的过程

海淘直邮的流程相对比较简单，如图 6-4 所示。但是海外购物网站很少有直邮服务，而且直邮费用都很高，所以一般情况下，海淘客都会选择转运的方式（见图 6-5）把东西运回国内，转运快递公司在海淘物流中起到了重要的桥梁作用。客户在海外购物网站上下单时填写转运公司的仓库地址，要求电子商务网站先发货到转运公司的仓库，然后接下来的物流工作由转运公司来操作。

常规的转运流程包括：转运公司签收——入库登记——仓储——出库——机场候机——航班回国——清关——国内投递。

其中转运公司主要负责从签收到出库这一流程，后续多是外包给其他国际、国内物流公司。

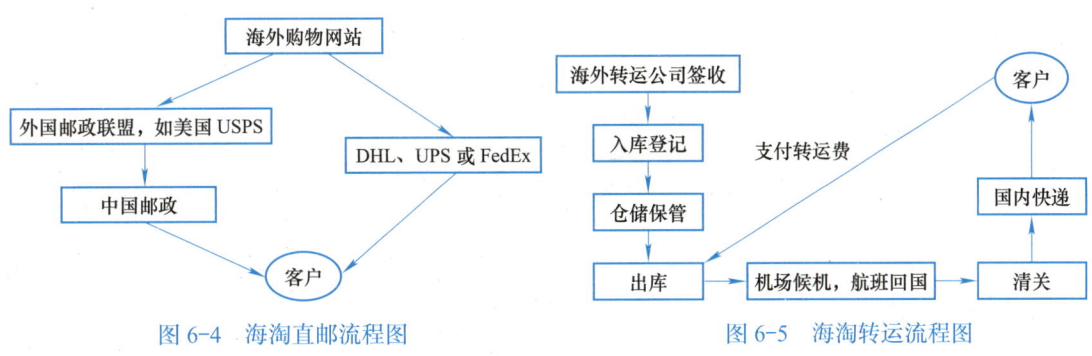

图 6-4　海淘直邮流程图　　　　图 6-5　海淘转运流程图

> **小贴士**
>
> 　　清关即结关，是指进口货物、出口货物和转运货物进入或出口一国海关关境或国境必须向海关申报，办理海关规定的各项手续，履行各项法规规定的义务。只有在履行各项义务，办理海关申报、查验、征税、放行等手续后，货物才能放行，货主或申报人才能提货。进口报关的基本程序：接受申报——审核单证——查验货物——办理征税——结关放行。

三、海淘物流中存在的问题

　　海淘属于跨境电子商务的一部分，也是跨境电子商务中的热点，但海淘物流运输周期长、中间流程烦琐、物流信息的准确性和及时性有待提高等已成为海淘物流的问题所在。

　　（1）海外购物网站和转运公司的信息流没有打通，导致商品的物流状态无法跟踪。在货物转运的全过程中，转运公司并不能掌握包裹的准确信息，而从发货到转运公司，转运公司运送回国内，再经国内配送，最终到达消费者手中，整个递送过程的环节太多，很容易出现差错，甚至丢失。

　　（2）转运公司的信息与海关系统的信息流没有打通，导致商品清关时出现推迟和遗失的现象。

任务评价

	考评项目	分值/分	组内评价	他组评价	教师评价	实际得分
考评标准	体验海淘购物	10				
	合理选择海淘物流方式	25				
	清楚海淘转运流程	35				
	语言表达	15				
	团队合作	15				
	合　　计	100				

注：实际得分 = 组内评价 ×30%+ 他组评价 ×30%+ 教师评价 ×40%。

知识拓展

我国跨境电商零售进口税收政策

随着国内消费者对进口商品的需求暴增，跨境电商等海淘购物方式进入了快速生长阶段。为保证跨境电商提供的商品质量、食品安全以及产业安全，且减少因跨境电商的兴起导致境内相关产业的冲击，为跨境电商行业未来的发展提供健康有序有利的环境，2016年3月24日，财政部、海关总署、国家税务总局共同发布了《关于跨境电子商务零售进口税收政策的通知》（财关税〔2016〕18号），对跨境电子商务零售进口税收政策进行了明确规定（自2016年4月8日开始实施）：跨境电子商务零售进口商品按照货物征收关税和进口环节增值税、消费税；跨境电子商务零售进口税收政策适用于从其他国家或地区进口的、《跨境电子商务零售进口商品清单》范围内的商品；跨境电子商务零售进口商品的单次交易限值为人民币2 000元，个人年度交易限值为人民币20 000元。在限值以内进口的跨境电子商务零售进口商品，关税税率暂设为0%；进口环节增值税、消费税取消免征税额，暂按法定应纳税额的70%征收。

2018年11月29日，财政部、海关总署、税务总局发布《关于完善跨境电商零售进口税收政策的通知》（财关税〔2018〕49号），将跨境电子商务零售进口商品的单次交易限值由人民币2 000元提高至5 000元，年度交易限值由人民币20 000元提高至26 000元；已经购买的电商进口商品属于消费者个人使用的最终商品，不得进入国内市场再次销售；原则上不允许网购保税进口商品在海关特殊监管区域外开展"网购保税＋线下自提"模式。

2019年4月8日，国务院关税税则委员会下发了《国务院关税税则委员会关于调整进境物品进口税有关问题的通知》（税委会〔2019〕17号），从4月9日起调降对个人携带进境的行李和邮递物品征收的行邮税税率，原15%、25%档税率分别下调到13%和20%，原行邮税税率为50%的保持不变。海关总署也随之印发2019年第63号公告对《中华人民共和国进境物品归类表》及《中华人民共和国进境物品完税价格表》进行相应调整，归类原则和完税价格确定原则不变。

（1）适用13%税率的品类主要包括：书报、刊物、教育用影视资料；计算机及其外围设备；计算机、视频摄录一体机、数字照相机等信息技术产品；食品、饮料；金银；家具；玩具，游戏品、节日或其他娱乐用品。

（2）适用20%税率的品类主要包括：纺织品及其制成品；皮革服装及配饰；箱包及鞋靴；钟表及配件；钻石及钻石首饰；部分化妆品、洗护用品；家用医疗保健及美容器材；厨卫具及小家电；空调、冰箱、洗衣设备、电视、摄影（像）设备和录音设备及其配件；文具用品；邮票、艺术品、收藏品；乐器；运动用品（不含高尔夫球及球具）、钓用品；自行车；税目1、3中未包含的其他商品。

（3）适用50%税率的品类主要包括：烟、酒；贵重首饰及珠宝玉石；部分化妆品、洗护用品；高尔夫球及球具；高档手表。

参 考 文 献

[1] 周爱国. 电子商务与现代物流实务 [M]. 北京：中国物资出版社，2012.
[2] 国家邮政局快递职业教材编写委员会. 电子商务与快递服务 [M]. 北京：北京邮电大学出版社，2012.
[3] 李育蔚. 快递人员岗位培训手册 [M]. 北京：人民邮电出版社，2012.